素描黄自

留美耶鲁学音乐归国
教书育人才首作交响怀
田曲抗敌战歌第一人

辛卯春 李岚清

"百年巨匠"素描／李岚清 绘

百年巨匠
Century Masters

黄自

肖阳◎著

文物出版社

图书在版编目（CIP）数据

黄自 / 肖阳著. -- 北京：文物出版社, 2023.9
（百年巨匠 / 刘铁巍主编）
ISBN 978-7-5010-8210-0

Ⅰ.①黄… Ⅱ.①肖… Ⅲ.①黄自（1904-1938）—
传记 Ⅳ.①K825.76

中国国家版本馆CIP数据核字(2023)第 181998 号

百年巨匠·黄　自

著　　者　肖　阳

总 策 划　刘铁巍　杨京岛
责任编辑　张朔婷
封面设计　子　旃
责任印制　张　丽

出版发行　文物出版社
社　　址　北京市东城区东直门内北小街2号楼
邮　　编　100007
网　　址　http://www.wenwu.com
制版印刷　天津图文方嘉印刷有限公司
经　　销　新华书店
开　　本　710mm×1000mm　1/16
印　　张　15.25
版　　次　2023年9月第1版
印　　次　2023年9月第1次印刷
书　　号　ISBN 978-7-5010-8210-0
定　　价　88.00元

宣传巨匠推广大师 为时代树立标杆

蔡武

文化部原部长 《百年巨匠》总顾问

文化精品创作工程包括重大出版工程、影视精品工程。《百年巨匠》就是跨界融合的一个重大文化工程，它深具创意，立意高远，选题准确、全面，极富特色，内容精彩纷呈，内涵博大精深，基本涵盖了我国20世纪这一特定历史时期在文学艺术方面的成就及其代表人物。它讲述的不仅仅是各位巨匠的传奇人生，更是他们的文学艺术成就同民族、国家，同历史、文化，同当代世界，同20世纪风云激荡的年代，以及同人民的命运都是紧密相连的。他们的成就对整个社会产生了重要而深远的影响。因此，立足21世纪的当今，系统全面科学解读巨匠人生与大师艺术，有着特殊而积极的意义，是社会和时代的要求。

作为一个有影响力的文化品牌，《百年巨匠》的表现形式也是多样的。《百年巨匠》丛书和纪录片互动互补，是出版界与影视界的跨界合作与融合发展，形成了叠加影响和联动效应，进一步丰富和扩大了品牌的内涵和外延。在信息社会"四屏"时代，用这样的一种方式来表达重大深刻的主题，具有重大的创新意义，是对中华优秀文化传承发展进行创造性转化、创新性发展的成功探索。体现出强烈的历史感、时代性、民族性，具有鲜明的中国特色，必将产生深远的影响。

一个民族自立于世界民族之林，离不开民族的自信心与自尊心。而民族的自信心和自尊心有其思想基础和人文轨迹，即对民族文化的重要代表人物和优秀传统应当有比较全面的了解并进行广泛传播。一个国家的历史需要记录，文化艺术同样如此。《百年巨匠》丛书秉承文献性、真实性、生动性原则，客观还原大师原貌，以更为宏阔的历史维度对大师们所经历的时代给予不同视角的再现和解读，为读者开启一扇连接 20 世纪中国近现代文化艺术史的大门。

巨匠们的艺术成就、人生经历、精神高度，彰显了中华民族文化在这个时代所能达到的高度，不仅有文学艺术上和文化史上的价值，而且有人文思想美学上的划时代性贡献。《百年巨匠》可以增强我们的文化自信和实现中华民族伟大复兴的意志。

《百年巨匠》还有一个重要意义，它能够激励我们后来人砥砺奋进，勇攀高峰。这些文化艺术巨匠有着深厚的爱国情怀和强烈的民族责任感，他们将个人荣辱兴衰与国家、民族命运联系起来，用文化艺术去改变现实，实现理想。在新旧道德剧烈冲撞中，他们所表现出来的高风亮节是后来人的楷模。他们所传导出的强大正能量，会激励一代又一代广大读者，对促进我们整个民族新一代的教育与成长，有着非常重要的启迪意义。他们的精神是引领和鼓舞我们再出发的航标与风帆。

《百年巨匠》也给了我们很多的启示，可以帮助我们回答和破解"钱学森之问"。20 世纪产生了那么多的大师，新世纪、新时期我们应该如何助推产生出新的大师？这些巨匠的成长轨迹给我们揭示了大师们成长的规律，如要深具家国情怀，要胸怀高远理想；要深深扎根于人民，与人民同呼吸共命运；既继承民族优秀传统文化，又要勇于创新；并以非常包容的心态去拥抱一切文明成果等。

《百年巨匠》仅反映了20世纪百年的文化形态和人文生态，我们应该把这个事业延续下去，面向21世纪。对艺术大师的发掘是通过他们的作品来体现的，而他们的作品既是中华文化的传承，又进一步丰富、创新了中华文化的构成。从这个意义上讲，宣传这些艺术巨匠就是弘扬中华文化。这些艺术巨匠作为中国名片，拥有较强的国际影响力，这一工程的推进，可以有效推动中华文化和中国出版走出去。不仅仅局限于艺术领域，还可以从广度上、外延上扩大至整个文化领域，甚至把科技、教育等领域的巨匠们也挖掘展示出来。

一个国家文化事业的繁荣与发展，既需要广大艺术家的努力，也需要大师巨匠的引领。宣传巨匠，推广大师，为时代树立标杆，无疑是我们责无旁贷的历史责任。巨匠之所以是巨匠，大师之所以能成为大师，是因为他们以具有强烈时代感和创新精神的作品站在了巅峰。而他们巨作的背后，是令人钦佩的工匠精神，这种工匠精神的发掘和弘扬在当下具有重要的现实意义。同时，这百年的文学艺术史已有的众多成果，从学术上也要系统总结。而长期以来一直困扰我们的一大难题，就是如何把这些重要的学术研究成果进行转化和再创造，使之成为可被大众接受、雅俗共赏的精品佳作。从这个意义上讲，《百年巨匠》丛书的出版也是非常值得赞许的。

当前，我们的文化艺术事业虽然取得了长足的进步，但是相对于时代的重任，人民的厚望，尚有作品趋势跟风、原创性匮乏、模仿严重等问题，希冀大家在《百年巨匠》作品中得到更多的启迪和感悟。

我们国家正处在重要的历史时期，为我们文艺创作提供了丰沃的土壤和广阔的空间。中华民族的伟大复兴，呼唤一切有为的文艺工作者，为繁荣中国特色社会主义文化、建设社会主义文化强国，奉献毕生的才华和创作热情，将高度的社会责任感和历史使命感化作文艺创作的巨大动力，创作出无愧于时代、无愧于祖国和人民的优秀文艺作品，让我们这个时代的文艺创作异彩纷呈，光耀世界。

序

黄德音

　　先父（黄自）自幼因喜爱中国古典诗词和唱歌而获祖父母的熏陶，进入小学后又得到前辈音乐教育家沈心工先生的启蒙教育。12岁进入清华学校，在校历时八年，广涉学海，刻苦努力，并有更多机会接触和学习音乐，期间曾在一封家信中引经据典地阐述了音乐的社会功能和教育功能，以表示要从事音乐工作的志愿。1924年赴美深造，先后求学于欧柏林（Oberlin）学院和耶鲁（Yale）大学，成为我国第一位在理论作曲专业获得国外学位的留学生，其毕业作品《怀旧》曲亦成为我国第一部交响序曲，并由国外的交响乐队公演的作品。

　　1929年回国，次年受国立音乐专科学校校长萧友梅先生的聘请，任该校教务主任兼理论作曲系教授，襄助萧校长建立了我国高等音乐教育，特别是理论作曲专业的教学体系。在繁重的教务工作之外，黄自曾因师资缺乏而一人单独承担了该校理论作曲专业的全部课程。由此培养了他的四大弟子（贺绿汀、江定仙、陈田鹤、刘雪庵）等下一代国内理论作曲专业的学术带头人，他的师德也由学生们广为传承。同时，他还创作了清唱剧、艺术歌曲、爱国歌曲和儿童歌曲等，其中不乏传唱至今的作品。在致力于专业音乐教育的同时，他和同事们编写了当时广为采用的初级中学音乐教材，并带领学生开展了多项音乐普及活动。抗战开始后他创作的"抗敌歌"成为我国第一首抗日歌曲，接着又创作了多首爱国歌曲，并带领学生参加了社会上的抗日救亡活动，表现了他的爱国情怀。他呕心沥血地为我国的音乐事业进行了不少奠基性的工作。不幸的是，在 34 岁时就英年早逝。

大型文化工程《百年巨匠》和上海音乐学院设立了包括编写黄自传记的项目，其中黄自传由肖阳博士撰写。肖博士在担任上海音乐学院管理、科研兼教学工作之余撰写此书，利用了大量的休假时间，甚至放弃了春节与家人相聚，多方收集史料，细致论证，所写书稿反复修改以臻完善，历经约三年完成了此书。书中内容丰富、详实可靠，成为迄今唯一详述先父生平的传记。为此，特向《百年巨匠》和上海音乐学院，特别是作者肖阳博士致以衷心的感谢。

2022 年 7 月

目　录

第一章 童年

黄自是从觉醒年代走来的『中国舒伯特』。他从小受到了良好的教育和文化熏陶，外界的感染和自身的天赋在这位音乐才子的心中生根发芽。传统文化和新文化氛围浓厚的家庭环境、背诵诗词的经历和爱好以及儿时的求学经历，都培养了他对中国古诗词的感知力和对音乐的浓烈热爱，这些为黄自未来的音乐之路打下了坚实的基础。

故居

　　1904 年 3 月 23 日（农历二月初七），黄自出生于江苏省川沙县（今属上海市浦东新区）的"内史第"。正是这样一座古色古香的宅院，在潜移默化中熏陶着黄自。川沙濒临东海边的中部，属于海防要地。"物是人非，山长水阔，触处思量变。"据记载川沙城建于汉代，自明弘治年间开始形成市镇；在 1557 年（明嘉庆三十六年），为防止倭寇偷袭和侵扰，抗倭英雄乔镗、王潭之等动员当地居民修筑建造了川沙城堡；至 1810 年（清嘉庆十五年），清政府设置地方政府 —— 川沙抚民厅，不少来自江苏、浙江、山东、安徽、福建、江西等地的外来商客云集定居，"一波才动万波随"，逐步发展

江南名宅"内史第"

成为集政治、经济、军事、文化于一体的沿海集镇。

"内史第"，旧称沈家大院，为清代金石学家和大收藏家沈树镛祖上所建。清咸丰九年（1859年）沈树镛中举，官至内阁中书，重新修缮沈家大院，并改名"内史第"。

"内史第"是一座三进两庭院两厢式二层砖木结构的江南民宅。据现存文献记载："这座宅院的建筑风格，不仅富有清代建筑浓郁的江南民居特色，而且其建筑中的雕刻装饰尤为突出。建筑中的各种木雕、砖

沈树镛

雕、石雕的设计，不仅与上海民居优秀建筑风格特点融会贯通，并且使整幢宅院更能充分显示出书香门第之家的气魄。'内史第'的石雕最为突出的是其门框图案与门槛两边的石雕装饰。黑漆大门上是由条石砌成的门框，门框上面用历代戏文中的人物和各类花鸟图案精雕细刻而成，所雕刻人物花鸟惟妙惟肖，令人叹为观止。门楼正面的砖雕是'凤戏牡丹'，这是典型的晚清建筑设计风格；门楼两旁为'状元游京城''状元献宝'砖雕图案。木雕在'内史第'建筑构建中较多，尤其在'立本堂'的长窗、柱梁上广泛运用，正梁和壁梁上面镶着紫铜制作的各种精致图案，上面都以鎏金装饰，梁的两旁的枕檐，都是高档木材雕刻成的图案。"

当年，沈树镛收藏的大量古籍、书画、金石、造像、碑帖等物，均藏于此。清代大学者俞樾先生就曾感叹内史第"文物古迹，富甲东南"。沈树镛所藏各种，以碑帖为最珍贵，其中《熹平石经》更是精品中的精品，后为《老残游记》作者、金石家刘鹗所得。1905 年（光绪三十一年）他在日记中写道："得沈树镛碑帖三箱，计汉碑五十余种，元朝造像七八十种，唐碑一百余种，宋碑三百余种。"黄炎培也曾称赞"内史第"："歇浦一衣带，中外寰瀛通。其左蔚人文，百年学有宗。"

家风

黄家与沈家有着密切的亲戚关系，沈树镛是黄自曾祖父的妻舅，从黄自曾祖父黄典谟（亦是黄炎培的爷爷）起，到黄自一代，黄家四代都在此生活，黄自的父亲、堂叔黄炎培（近现代爱国主义者和民主主义教育家），黄炎培次子、黄自的堂兄黄竞武（民主战士），黄炎培三子、黄自的堂弟黄万里（水利专家）和黄自的大弟黄组方（早期会计学界代表人之一）等均出生于这。除此之外，与沈家渊源颇深的还有川沙倪家。牧师倪蕴山与"内史第"主人

1906年，黄自的曾祖母八十大寿时拍的全家福
（前排右二是两岁的黄自）

沈树镛之子沈毓庆是少时关系较好的学友，为方便照顾即将结婚的女儿倪桂（硅）珍（明朝科学家徐光启的后裔）和女婿宋耀如（原名韩教准，又名宋嘉树，宋朝名将韩琦后代，实业家），他与沈毓庆商定，租借了内史第的房子作为女儿女婿的婚房，由此，后来成为中华人民共和国名誉主席的宋庆龄（孙中山夫人）及其姐宋霭龄、其弟宋子文、其妹宋美龄等宋氏家庭子女，也出生在此。

黄自的父亲黄洪培，号济北。黄洪培是前清的国学生，辛亥革命前，在当地与人合营毛巾厂，做过厂家和商号经理、管账；后任本县的参议、副议长、副局长、局长等职；1927年后离开政界，在地方公益和慈善事业机构中担任主席、总董、董事、总务、会计、管理员等职。1954年去世前，还在慈善机构同仁辅元堂任会计。据黄自家属回忆，洪培先生性格温顺、谦虚、仁爱慈祥、为人善良，值得信任。黄父如同北斗星，是黄自人生性格的指引者，正是父亲的宽宏善良影响了他的一生。

黄自的母亲陆梅先，又名开群，出身于浦东南汇的一个书香之家，是为独生女，当时女孩是不能入私塾

幼时黄自坐在外祖母腿上
（席地而坐者为黄自父亲黄洪培、后立者为黄自母亲陆梅先）

开群女校旧址内景

念书的，就在家中由她的父母教她读书认字，学习诗词和四书五经，故是一位有文化素养、喜爱诗歌音乐，思想倾向维新的爱国女性。1902 年左右，陆梅先受辛亥辱国条约的刺激，又见宅院里外的一些女孩都没受过教育，想到要让她们也能读书识字受到教育，在丈夫黄洪培及其堂弟黄炎培的支持下，就在"内史第"中开设了一所以开设民智为宗旨的女校，用自己的名字为校名，取名为"开群女校"，招收宅内女眷和毛巾厂女工入读，黄炎培曾在此任教。黄母的这一举动在当时是极具魄力与勇气的，迈出了打破封建社会的束缚与枷锁的第一步。音乐理论家、已故上海音乐学院教授戴鹏海在《永远的黄自》一文中有相关描述，但无资料佐证，不知其根据，故难以确认。1971 年陆梅先以 92 岁高龄去世。

黄自出生时，因其父与堂叔都具有当时的维新思想，故黄父为他取名黄自，字四由（维新思想中提倡的自由），故家中长辈均称黄自为四由，弟、妹则称他为四由哥。

川沙黄氏早在南宋时期就定居于川沙地区，明清之际黄氏家族形成了崇文尚义的家风，"蓝田生玉，人才辈出"。如黄中松、黄烈、黄元吉祖孙三人对经学有深入的研究，黄煜、黄培因、黄燡荣有诗歌文稿流传于世，黄升、黄锡周等扶危济困，乐善好施，造福一方。近代以来随着西方的文化观念及教育方式的传入，黄氏家族的成员积极接纳西方文化，以求民族的复兴和国家的富强，他们走在时代的前列，胸怀宏图大志，展望无限未来。因此诞生出许多具有全国性影响力的杰出人物。黄自诞生成长于这样一个传统文化和新文化氛围都极浓的家庭环境，这为他青少年时读书、求学提供了得天独厚的优越条件。而"内史第"的大量碑帖、典藏古籍、近代中外名著，更是一笔宝贵的财富，成了他获取知识的源泉。

前文提到，黄自的父亲黄洪培性情温和宽厚，黄自的性格与其父多有相似之处。黄自长子黄德音（上海交通大学教授、博士生导师）回忆说：

> 我幼时曾经跟祖父母一起生活过一个时期，后来也时常从姑母叔叔等处知道祖父的人品。他是一位非常善良的长者，对小辈都是循循善诱，从无指责的口吻，更没有看到过他发怒的情况。我父亲及他的两个弟弟，三兄弟所学的和从事的是三个完全不同的专业，父亲是作曲家和音乐教育家，大叔（黄组方）是我国早期著名的会计学家，小叔（黄长风）则是物理学家。祖父就是让三个儿子各发挥自己的特长。

黄自是家中长子，母亲对他管教极严，经常以"二十四孝"的故事教育他孝敬长辈，并从小让他背诵诗词、古书。忠孝仁爱显人品，勤俭耕读展家风。不满三岁时，黄自就曾在祝贺他曾祖母寿诞的亲友前背诵过《大学》中的段落。从小背诵诗词的经历和爱好，培养了黄自对中国古诗词的感知力，也在他的心中种下了一颗对美的向往的种子。他在《音乐的欣赏》中曾说过：

黄自《音乐的欣赏》

我小的时候，最喜欢读白乐天的《琵琶行》。当时年幼，连字的意义都不能完全了解，更谈不到什么领略诗中深意。我喜欢他，只因为他的音节铿锵，念起来非常好听。

启蒙

　　黄自对古诗词的音韵情有独钟，成年后，喜依古诗词填曲，并特别注意诗词的音乐美。这在他此后创作的多首艺术歌曲（如《南乡子·登京口北固亭有怀》（〔宋〕辛弃疾词、黄自曲）《点绛唇·赋登楼》（〔宋〕王灼词、黄自曲）等）中可以看出，也为他成功地用音乐描绘古诗词意境，奠定了重要基础。

　　黄自夫人汪颐年女士（北平女子学院音乐系毕业生，后曾任上海音乐学院附中教导主任）曾回忆黄自创作中对于歌词声韵的执着：由于黄自的北京话不好，而汪从小在北京长大，因此，每当黄自拿到一首歌词时，为求准确无误，总要让她先教自己念，一遍两遍三遍，追求完美，不厌其烦，直至将所有的声韵都弄清楚为止。如果是歌词较长的歌曲，黄自就会专门在每个字旁边注明声韵符号，以免出错。正是因为这种细致用心，才能创作出旋律和诗歌语言完美配合的佳作。

　　据音乐学家、作曲家、音乐教育家钱仁康（黄自的学生）教授回忆：

　　　　他用苏轼的《水调歌头》中的"我欲乘风归去，又恐琼楼玉宇，高处不胜寒，起舞弄清影，何似在人间"，来解释莫扎特《朱彼特交响曲》第二乐章中孤高落寞的气象，妙喻传神，呼之欲出。他说勃拉姆斯在第四交响曲第二乐章中用中古调式"发思古之幽情"，很有些"踔宇宙而遗俗兮"的意味，引用班固《西都赋》和蔡邕《释海》的名句恰到好处。他又说舒伯特在歌曲《你是安宁》中用色彩鲜明的转调描写爱人明亮的目光，很足以显出"秋波那一转"的神韵，巧妙地引用《西厢记》的名句……

黄自还在牙牙学语之时，就在母亲的环抱之中，听她唱山歌，背诵唐诗，母亲就是他学习音乐的引领者。黄自天资聪慧，记忆力强，在母亲的熏陶下，自小就很爱唱歌，而且一首首都唱得很熟。周岁时，已会唱《喜雪》《促织声唧唧》《一只种田牛》《耕田》《小球》《采菱》《猫咪》《蚂蚁》《乌鸦》《麻雀》等歌。二、三岁后，会唱的歌更多，如《小小船》《凯旋》《采莲曲》《秋之夜》《扬子江》《地球歌》《合群之乐》《宝宝要睡了》以及《木兰辞》等。其中，《地球歌》和《木兰辞》都是他儿时最爱唱的歌。黄自在《沈心工唱歌集序》中回忆这段时光如此说道：

记得二三岁时，父亲买了几本唱歌书回来，母亲常抱着我唱那书里的"摇摇摇，囡囡要睡了"及"小小船，小小船，今朝聚会赛一

《沈心工唱歌集序》

赛"等歌。不久我也就学会了好几首。七岁我进上海初级小学读书，记得上第一课唱歌，先生教的是卖花歌，什么"清早起，清早起，到园里，采几朵花来做小生意"。我在小学前后共五年，这时期中所学会的歌不下五六十首。因为我自小就很爱唱歌，所以一首首都唱得很熟，就是到现在大致都还能记忆。

前文所录歌曲，大多是我国近代音乐教育家沈心工先生的作品。沈心工（1870—1947年），江苏上海（今上海市）川沙人。原名沈庆鸿，字叔逵，笔名心工。清末秀才，南洋公学第一届师范班毕业生。早年留日，回国后长期任教南洋公学附小，并在浦东中学校等兼课，是中国近代普通学校音乐教育初创时期最早的音乐教师、学堂乐歌代表音乐家之一。沈心工一生共创作乐歌180余首。多数是采用外国歌曲的曲调，少数选取中国传统民歌填词或专门作曲。

先生的歌集，风行最早。……所谓"盛极南北"确系事实而不是过誉。所以现在的青年教师及歌曲作者多少皆受先生的影响，这一点贡献，也就了不起了。

沈心工所创作的艺术歌曲，每一首都情感丰富，内涵深刻。或者洋溢着强烈的爱国精神，如歌曲《爱国》《黄河》《从军歌》等；或者大力宣扬民主主义新思想，赞扬国民革命、歌颂共和，如歌曲《革命军》《美哉中华》等；或者积极提倡新文化，提倡科学，如歌曲《电报》《纺织》等；或者倡导妇女解放，歌颂男女平权，如《女学歌》等。其中歌曲《黄河》的艺术成就最高：

黄河，黄河。出自昆仑山，远从蒙古地，流入长城关。古来圣贤。生此河干，独立堤上，心思旷然。长城外，河套边，黄沙白草无人烟。思得十万兵，长驱西北边，饮酒乌梁海。策马乌拉山，誓不战胜终不还。君作铙吹，观我凯旋。

学堂乐歌《黄河》曲谱

《黄河》的歌曲旋律具有一种宏大的气魄和强烈的激情；特别是后半段，音调铿锵有力，情感起伏跌宕，生动地表达了辛亥革命前夕，面对祖国破碎的山河和危亡的局势，中国爱国青年立志献身报国的慷慨之情。黄自在《沈心工唱歌集序》中评价：

> 这个调子非常雄沉慷慨，恰切歌词的精神。国人自制学校歌曲有此气魄，实不多见。

沈心工的这些作品，似春日沃土，在黄自心中种下了一颗音乐的种子，产生了巨大影响，音乐学家钱仁康如此评述：

> 幼年时期的黄自先生从这些歌曲中不仅接受了最初的音乐教育，也接受了最初的品德教育——培养勇敢、诚实等美德和培养劳动观点的民主主义教育。沈心工先生在二十世纪之初为我国最初的新型学校所编的《学校唱歌集》除了选用西洋和日本曲调配上宣扬爱国主义和民主主义的歌词外，也采用我国民歌的曲调另作新词，并介绍了我国近代第一批作曲家朱云望、朱织云、许淑彬和沈先生自己所作的曲。对黄自先生稚小的心灵播下最早

的种子，使他后来爱好民间音乐并怀着发展民族音乐的伟大志向的，就是这些歌曲。

黄自为何会对沈心工创作的学堂乐歌如此之熟悉？笔者发现这不仅与其创作的乐歌词曲配合贴切，风格清新雅致，易于学习，广受大众欢迎有关，也与其堂叔黄炎培有一定关联。笔者曾就此问题采访浦东中学校长倪瑞明，他介绍道：沈心工与黄炎培同为川沙人、并系至交。黄炎培极其注重师资和教学质量、坚持因材施教，又长期担任浦东同乡会理事，所以他在办学（后文会专门提及）过程中充分利用同乡情谊，诚邀原川沙、南汇、宝山等地的饱学之士到校任教。这里"谈笑有鸿儒，往来无白丁"。与此同时，黄炎培也发挥其清末举人、秀才之优势，通过其曾经留日，并任同盟会上海干事、江苏教育会干事的资源，以及南洋公学校友的资源，广交学界达人，广聘同盟会和南社中有志于教育的有识之士，广邀海外留学归国人员以及南洋公学的校友来浦东中学校任教。他广结善缘，搭建出了一座学习音乐的殿堂。有这样一层渊源，兼课教师沈心工对黄自在音乐方面呈现出的天赋秉异，会予以特别关注和悉心指导就不足为奇。

因此，我们会看到沈心工出版《重编学校唱歌集》，是黄炎培为其作序：

沈君之所以为……教育界良导师者，不惟以其得风气先，尤以其所制乐

沈心工像

黄炎培像

歌，虽至今日作者如林，绝不因此减其价值，且与岁月同增进焉。

黄炎培也曾在黄自逝世20周年纪念音乐会的节目单上留言：黄自有一很好的小学教师，教音乐的，沈心工，给他很好的学音乐的基础。

在整个童年时期，黄自接受了来自家庭的良好教育。幼时耳濡目染的良好氛围似春风化雨，如缕缕暖阳，在潜移默化中影响着他。因此，成年之后的黄自具有较高的传统文化修养，其艺术鉴赏力和书法造诣都不是一般音乐家所能比拟的，这与他从小受到的教育影响是分不开的。而这些对古典文学、诗歌、音乐的爱好也伴随了黄自的一生，成为他后来音乐创作中的重要因素，体现在他的音乐之中。

黄自先生逝世20周年纪念音乐会节目单封面

求学

1910年，黄自进入上海初级小学读书。这所小学位于距离"内史第"50华里（25公里）的上海小南门，校长程颖办学有方，她和黄自的太姑母黄青沏（字树仪）有旧，黄青沏也在该校担任管理，其次子沈本强（黄自的表叔）也就读于此，因此黄自也进入这所小学住读。黄自在上海初级小学仅就读一年，成绩为全班之冠。翌年（1911年）转学至浦东中学附属小学就读，至1916年毕业。黄自是该校第九届校友，后被选为斯盛小学校友会第一届理事。潜龙腾跃，鳞爪飞扬，他的才干是遮不住的明珠，逐渐显露出耀眼的光芒。

杨斯盛像

据浦东中学校长倪瑞明介绍，浦东中学附小，最初是黄自堂叔黄炎培先生应川沙同乡、忘年之交、一代营造业宗师杨斯盛之邀请，于1904年10月在沪西蔓盘路杨斯盛别墅内，创办的广明小学。1905年暑期筹备创办浦东中学校，同年10月创办广明师范。1907年3月，浦东中学校正式开学，并将广明小学迁入新校舍，改为浦东中学附属高等小学。因浦东中学校办学成绩优异，学校规模发展很快，校舍不够用，就将附属高等小学迁至沪西，后在此基础上增办初中部，经国民政府批准，更名为斯盛中小学。

浦东中学校主杨公感于清朝政府的羸弱，"毁家兴学"，斥资30余万两银子创办浦东中学，其初心是"为国育才"。首任校长黄炎培立志"教育救国，实业报国"，践行"实"

浦东中学大礼堂

教育思想。学校的校训"勤朴"，"勤，勤于学习，勤于锻炼身体，于学业、事业心无旁骛，专注；朴，简朴，朴素"。于1907年3月21日由校主杨公斯盛亲自颁布。学校的校箴"克己互助"（"己所不欲，勿施于人"，"长慈幼，强扶弱，才者辅不才，能者济不能，迨为人群共存之道"）。

学校自创办以来，就具有浓厚的家国情怀与革命基因。在倪瑞明校长撰述的《上海市浦东中学校史略述》一文中提到：

这是一所曾经影响中国近代发展史的学校。在诸多领域都有大师级的校友，孕育了一批革命家，烈士校友就有40多位。如原中共中央总书记张闻天，苏皖边区政府主席、中联部常务副部长、中顾委常委李一氓，晋察冀军区副参谋长、外交部副部长曾涌泉，青年领袖、中顾委委员冯文彬，新四军第五师政治部主任、监察部常务副部长王翰，中联部部长朱良，革命家、中国共产党法治建设的创始人之一雷经天，革命家、文学家、书法家马识途等。40多位烈士校友中有左联五烈士中的殷夫、胡也频，井冈元戎何挺颖，著名左翼作家、剧作家廖左明，中国共产党武装斗争的先驱陈豪人，民政部第二批抗日英烈、马背上的将军王家让，浙江省第一批著名抗日烈士、新四军淞沪游击纵队参谋长周达明，民主人士、经济学家黄竞武等。从五四运动、五卅运动、"一二·九"运动等，从反帝反封建运动，到抗日战争和解放战争等，浦中师生始终站在时代前列。

这也是一所在诸多领域都有大师级校友的学校，曾影响了中国近代史的发展。江山代有才人出，除黄自外，浦东中学的校史中提到的知名校友还有："中国原子弹之父"、"两弹一星"功勋、"863计划"发起者之一王淦昌院士，"北斗导航之父"、"两弹一星"功勋、"863计划"发起者之一陈芳允院士，"中国人造石油之父"赵宗燠院士，大地测量学奠基人、中国当代测绘事业的开拓者之一夏坚白院士，中国变质地质学奠基人董申保院士，国家"863计划"航天航空领域专家委员会主任龚惠兴院士等……

"合抱之木，生于毫末；九层之台，起于垒土；千里之行，始于足下。"正是在这样的文化熏陶和名师教育之下，我们对黄自此后于学业的专注、于音乐事业的专注，对同行的互助、对学生的提携帮助，尤其是其强烈的爱国之心和报国之志来源，有了更多一层的理解。

第二章 ｜ 清华

在清华的八年时光里，黄自见证了清华的改制之路，而清华的教育，也改变了他的人生。在这八年中，他全面发展，个人能力得到了极大的提高，同时培养出了一颗有担当的爱国心。清华的氛围、同学之间的相互帮助与进步，都在无形之中影响着黄自，他似一棵小树苗，在清华这片肥沃的土地上成长。

改制

黄自在浦东中学附属小学的成绩始终名列前茅，闪烁的星星终究掩盖不住光芒，黄自这颗星星开始在夜空中散发出他的光亮。正是凭借优异的成绩，1916 年，他与堂兄黄竞武一起考入清华学校。这一年，恰好是清华开始启动改办大学的节点。1925 年，大学部成立。这期间，清华学制多有变化。

清华早期学制变更大致可以分为两大阶段：1909 年至 1916 年为第一阶段，1916 年提出并着手改办大学至 1929 年留美预备部最后一批学生毕业为学制变化较为频繁的第二阶段。清华学校为留美预备学校，归外交部管辖，"以造成能考入美国大学与彼都人士受同等之教育为范围"。学制设计上，清华参酌中美学科制度制定学制，实际上"与民初的中、美两国学制均不相同，而采用相当于美国六年中学和二年初级学院的八年一贯制"。因而在教育界颇显突兀。比黄自早一年进入清华学校的学长吴景超评价清华的教育制度是"稀奇古怪"。

1901 年，清政府被迫签订丧权辱国的《辛丑条约》，美国因参加八国联军而获得中国巨额赔款。从 1904 年起，中美两国政府经多次谈判，美国政府最终同意将超收庚款退还中国兴办教育，选送留美预备生，1909 年 1 月 1 日起开始实施。1909 年 7 月，清政府外务部会同学部制定《遣派游美学生办法大纲》，决定在北京设立游美学务处，负责选派游美学生和筹建游美肄业馆。1911 年

1 月 5 日，学部批复同意游美肄业馆改名为清华学堂。

1911 年 2 月颁布的《清华学堂章程》规定学堂实行"四四"学制，即高等科与中等科各四年，"高等科注重专门教育，以美国大学及专门学堂为标准，……中等科为高等科之预备，……"。学科分为哲学教育、本国文学、世界文学、美术音乐、史学政治、数学天文、物理化学、动植生理、地文地质、体育手工十类，每类学科功课分通修、专修二种，"通修种期博赅，专修种期精深"。中等科只开设通修课；高等科课程包括通修、专修两类，升级与毕业有相应的学分要求。

清华学堂开学后，在教务长胡敦复主持下，清华学堂"甄试分班，颇采学科制，初无年级之规定"。对这种选课制深有好感的吴宓（此后担任过清华学校研究院筹备主任）在其日记中有具体的记录：

> 先将各门课程，订立英文一、英文二……数学一（笔算）、数学二（初等代数）、数学三（平面几何）、数学四（立体几何）、数学五（平面三角）、数学六（高等代数）、数学七（解析几何）、数学八（球面三角）等名目，颁布全校课程表。再经过教师分别对每一学生进行"询问、考察"及鉴定之后，发给每一学生《某某上课时间表》一纸，依格填写明白：每星期，某日，第几时，须上某课。该生即可遵行，毫无困难。亦无繁杂与零乱之弊。其用意，为力求适合每一学生个人之需要及能力，故全高等科、中等科不分班，不立年级，应毕业时，自有个别指示。

这种制度，与现行的大学选课制类似，要求学生衡量自己学力与程度，选习不同深度的课程，对学生自主学习能力要求较高，有利于调动、发挥学生学习的主动性。但是不久，胡敦复因为与美国教员产生矛盾而辞职，张伯苓（中国现代职业教育家、私立南开系列学校创办者，西方戏剧以及奥运会的最早倡导者，被誉为"中国奥运第一人"）接任。

张伯苓到任后，即依据1904年学部颁布的癸卯学制。对2月颁布的《清华学堂章程》进行改订，以"与部订中学堂暨高等学堂毕业年限相符"。

癸卯学制规定，中学堂与高等学堂学制分别为五年、三年。因此，修订后的清华学制由原来"四四"学制变为"五三"学制，即高等科三年毕业，中等科五年毕业。这样改革，有利于那些不能留洋或者中等科不能升入高等科而毕业的学生就业。

1911年10月10日，辛亥革命爆发。11月9日，清华学堂停课。1912年5月，清华学堂重新开学，学校延续"五三"学制。

1912年1月19日，临时政府教育部颁布了《普通教育暂行办法》与《普通教育暂行课程标准》两个法令，作为新学制颁布前办理学校教育的依据。其中，《普通教育暂行办法》第一条规定"从前各项学堂，均改称为学校"。10月，清华学堂更名为清华学校。

1912至1913年，教育部对学制进行调整，公布了壬子·癸丑学制。新学制规定，小学校分初等小学校与高等小学校，学制分别为四年、三年，中学校学制为四年。

清华学堂成立时，由外务部、学部共管。中华民国成立后，转归外交部管辖，教育上具有相对独立性。但在国内学制调整背景下，清华学制不能不有所调整。

1913年10月，周诒春就任清华学校校长后，将清华学制又改回"四四"学制。每学年两学期共 40 星期,上学期以九月初至翌年正月末,下学期自二月中旬至六月末。壬子·癸丑学制中,高等小学校入学年龄大致为 11 岁,而清华中等科入学年龄要求在 11 岁以上,13 岁以下。因此在修业年限上,清华学校中等科基本对应于高等小学校,但学制延长一年,达四年。而高等科对应中学校,学制均为四年。"四四"学制一直持续到 1920 年,随着清华改办大学步伐日益推进,清华学制再次发生变化。

1916 年,在国内外各种力量推动下,周诒春校长正式提出清华改办大学,得到外交部批复同意后,清华开始着手改办大学。此后,随着改办大学工作的推进,清华学制进入频繁调整阶段。

1918 年初,周诒春辞职,继任的几位校长均继续推动改办大学事宜。张煜全任校长时,全体中西教职员会议通过设立"大学筹备委员会",负责制定改办大学计划。1920 年 1 月 15 日,张煜全将该会的工作计划呈报外交部。这个计划最重要的一个措施是决定逐渐停办中等科,"而以办中等科之力量与经费,改办大学"。计划决定自 1920 年起停招中等科一年级新生,三年后在校该科学生全部结业,中等科即告结束。高等科仍保留,并扩大学额。中等科四年级为新制高等科一年级,高等科四年级为新制大学一年级。如果这个计划实行,则自 1920 年秋季学期起,清华学制将变为"四三一"。全校从中二到大一,共有七个年级。但张煜全上书三天后,即因学生风潮而辞职。

1921 年初,学校改办大学计划规定,秋季学期开始,学校学制变为中等科三年,高等科三年,大学二年,在校修学年限仍保持八年。其中,高等科四年级改为大学一年级。

1921 年秋季学期起,清华将高等科四年级改为大学一年级。

不同的是，为了惩戒参加这年"六三"罢考的闻一多、罗隆基、吴泽霖等29名高四学生（由于教育经费短缺，政府长期拖欠教职员工薪水，1921年6月3日，北京大学等八所国立高校师生赴总统府请愿，在新华门遭到总统府卫队的毒打，酿成"六三惨案"，亦称"新华门事件"），学校让他们进入大二级。这样，清华学制变为"三三二"，即中等科三年，高等科三年，大学两年。张煜全计划书中"四三一"学制没有实行。

1922年4月11日，外交部同意取消留级，即取消大二级。外交部指令称："查上年诸生等罢课避考，显违校章。于管理原则上，本难稍事通融。第念诸生当时尚非主动，事后深知改悔，酌理衡情，不无可恕，应准将留级办法暂缓执行以观后效……嗣后诸生务须束身自爱以励前修，毋负外交部部培植之至意为要。"这样，学校学制又回到"四三一"，中等科一年级停招。

1922年外交部派曹云祥出任清华大学校长。翌年2月，曹云祥统筹学校经费，向外交部提交了学校发展的"十八年计划"（1923—1940年）。该计划提出，到1927年，将全校程度提高一年。中四改为高一，高一改为高二，……大一改为大二，再增加大三。这样，从高一到大二，全校总共有六级。1927年除15人照例出洋外，其余35人将入大三。到1934年，学校再增加大四，这样，学校总共有七级，程度提高两年。由于此时主管清华的外交部内领导更迭频繁，无暇顾及清华的改革，此计划遂不了了之。

1923年，中等科二年级停招。1923年9月14日，曹云祥向《清华周刊》记者表示：学校下学期改用全国通行的学制。中三无，中四改为高一，高一改为高二，高二改为高三，高三改为大一，大一改为大二。

1924 年 3 月，曹云祥再次对《清华周刊》记者明确表示：

为向大学过渡，1924 年清华拟完全停止招收新生，1925 年将招收大学新生百名。

1925 年是清华体制改革较大的一年，这年，清华设立大学部与研究院，定位于"纯以在国内造就今日需用之人材为目的，不为出洋游学之预备"。但清华仍将面向全国招考留美学生作为既定政策，"俟旧制学生毕业后，留美学额之给与以公开考试定之。全国各大学之毕业生均得投考"。1925 年，曹云祥校长表示：

四年之后，公开留美考试，并非专派清华学生。凡国立大学毕业之学生，成绩优良，并本所习学科，在社会服务二年者，均可应试。每次考送以 30 名为限。

这样，校内同时存在大学部、旧制留美预备部、研究院三个相对独立的教学单位。

大学部成立后，正式招收大学一年级生，向完全大学过渡。1925 年共招收 132 人，报到者有 93 人，这便是清华历史上的第一级学生。为示区别，大学部学生称为新制生，留美预备部学生称为旧制生。1929 年，留美预备部最后一批旧制生毕业，留美预备部结束。

"但见时光流似箭，岂之天道曲如弓。"未经历过黑暗，无法看到光明的可贵；未经历过磨难，复兴的意义也无从参透。民族复兴的征程上，一代代青年踔力奋发，推动历史的车轮滚滚向前。

黄自 1916 年进入清华学校学习，1924 年从清华学校毕业，获庚子赔款赴美留学，入俄亥俄州欧柏林学院，在清华学习生活了八年之久，基本上完整经历了清华学校学制调整变化的全部经过。

清华八年

　　黄自进入清华学习时只有 12 岁，20 岁时毕业留美，清华八年正是他从少年步入青春的人生重要阶段，也是他学识不断增长、思想逐渐成熟的关键时期。因此，清华八年对黄自的人生方向有着决定性的意义。"八年中，黄自遇见了大力倡导美育的蔡元培、宣扬新文学的胡适、梁启超、赵元任、林语堂、徐志摩以及萧友梅等等有识之士，他们真正做到了'一朵云推动另一朵云，一个灵魂唤醒另一个魂'。"在这里黄自年轻蓬勃的心接受了新文化运动春风化雨般的洗礼。

　　清华最初是清政府设立的留美预备学校，教学上受美国影响较大，课程、教材、教学均仿照美国，因此格外重视英文训练。黄自在读中等科时就已经熟练掌握了

1919 年 5 月，黄自参加甲子级英文辩论赛

英语听、说、读、写等方面的能力。1919 年 5 月 3 日，黄自作为反方代表参加班级英语辩论赛，论题是"国际同盟能否实行"，虽然比赛结果是正方胜出，但黄自的精彩辩论给评委留下了深刻印象，被评为三位"最优辩手"之一。升入高

甲子級言語股 該級言語股中英文語科於週佛紀念日舉行第一次英文辯論題目爲「國際同盟能否實行」正組爲羅宗震林威讓何永吉二君反組爲黃自炎尙志錢昌渝三君裁判員爲普利司女士袁同禮先生及楊景時先生結果正組勝。個人以何永吉羅宗震黃自三君爲最優。

1919 年 5 月，黄自参加甲子级英文辩论赛记录（局部）

等科后，他又选修了法语、德语和拉丁语，不放弃每一个学习知识的机会，真正做到了全面发展，在大学中熠熠闪光。

黄自就读清华期间，学校在严抓学生课业的同时，也非常重视培养学生的自主学习能力和自治能力。因此，黄自不仅在学习上非常用功，而且还积极参与班级工作和学校学生会的工作。

据史料记载：从中等科二年级开始，黄自先后被选为中等科自治团团员、清华青年会中学部部长和该会海淀区教会执事、甲子级级长、国文班班长、级务委员、英文书记、自修室室长、清华学生会代表、记录、评议员、学生会自办刊物《通俗周报》集稿员以及《清华周刊》集稿部会所管理和栏目负责人、编辑等，常常身兼多职。按现在的话，黄自就是妥妥的"品学兼优，红专兼备"。繁多的身份属性，不仅锻炼了黄自养成高效的时间管理习惯和办事

才干，也培养了他热衷公益的奉献精神。

清华时期的黄自所有学习之外的余暇，都用在了学习音乐及相关的课外活动。清华校园里的音乐氛围素来很好。"在学校里，有研习古乐的国声社，也有研习西乐的铜管乐队、唱歌团、乐歌团、音乐团，还有专门为'中等科以上研习音乐之同学而设'的钢琴班之类的'特别班'等。"

这些音乐团体均是清华校方出面组织的，获得了学校方面的大力支持。例如，为满足铜管乐队的需求，校方专门从美国购入了30余件铜管乐器；为满足钢琴班学生的练习，校方也专门购入了两架新钢琴。除了拨款购置必备的乐器外，清华还根据社团需要分别配备专业教师对学生进行指导。学生可根据个人兴趣自由报名，经指导老师选拔合格后即可加入社团参加活动。除音乐社团的活动和音乐会外，清华校内的其他音乐活动也非常活跃，校方会不定期地邀请擅长音乐的本校外教（包括教师的家属）或在京的外国音乐家

黄自以笔名"昨非"发表的《余之眼镜历史》

来校举办个人独奏或独唱音乐会，清华师生不出校门就能欣赏到现场演出的世界名曲，如：肖邦、舒曼等浪漫主义钢琴作品，帕格尼尼、克莱斯勒、柴科夫斯基、德沃夏克等的管弦乐、室内乐，以及莫扎特、威尔第、比才等人的歌剧。与此同时，布置有唱机、唱片的音乐

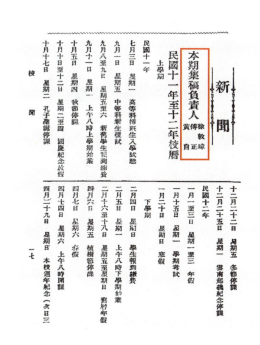

1922年10月7日出版的《清华周刊》第253期"新闻"栏，黄自第一次作为"新闻"集稿员出现

专门教室，能为喜欢赏析西方经典的学生提供一个沉浸式的"享乐"空间。

自幼就喜欢音乐的黄自在音乐氛围如此浓郁的环境里学习、生活，自然是得其所哉，乐而忘返。黄自入校之初，就在童子军笛鼓队里吹笛，后来又加入军乐队里吹筚篥（一种古代管乐器，即觱篥，也称管子），在管弦乐队中吹单簧管，同时在合唱队里唱男高音。但凡学校办活动，只要有铜管乐队和唱歌团的节目，都可以看到黄自的身影。这些活动使他进一步接触了西洋音乐，并加深了他对音乐的兴趣。

当时，黄自家中的长辈担心黄自过多地参加音乐活动会影响

唱歌團

清华唱歌团合影，后排右四为黄自

清华繁重的学习任务，另外也担心在当时的社会条件下，从事音乐事业没有前途，希望黄自能以理工科为留学的学习方向。对此，1919 年 3 月，他曾致书堂叔黄朴奇，详述对音乐的看法，以及课余自学音乐的目的。时年 15 岁的黄自在表达自己对音乐热爱之情的同时，也已初步展露出他对音乐作为一门重要学科的属性及社会功能性的深刻认知。

自欧战（笔者注：即第一次世界大战，1914－1918年）告终以来，美术（笔者注："五四"时期中国文化界对于艺术的统称）之呼声愈高，人皆以为物质文明终不及精神文明也。自是美术愈占重要地位……夫音乐者，美术中最高尚者也……音乐能发表个人之思想，其价值在其他美术之上。盖音乐不仅为娱乐品，其功效良多……音乐之目的，在使人格高尚而已……能动人友爱和平之心，为常人所不能……可见无论中外，无论古今，音乐为有用之学问也，明若观火矣。

1921年，17岁的黄自从张丽珍（清华英文文案处主任何林一先生的夫人）女士处学习钢琴（也有资料记录为1920年秋，中等科音乐班一成立，黄自就报名，跟随张丽珍学和声），一同学习的还有梁思成、梁思永等四五人。张丽珍女士也是清华学校的工作人员，还是《清华大学校歌》的作曲者，她在清华指导中等科唱歌班学习唱歌及乐谱读法，最盛时可达40多人。黄自从张丽珍处系统地接触到西方音乐的经典作品，为其后转向专业音乐学习，埋下了伏笔。1922年，黄自又跟随当时清华学校代理校长兼教务长王文显先生的夫人史凤珠学习和声和钢琴。清华的校规极严，课业也十分繁重，练琴只有在早起与晚睡中努力，黄自练习极其刻苦，废寝忘食。

"不啬微芒，造炬成阳。"每一个前行的脚印都留下了他勤奋刻苦的汗水，每一个取得的成就都印证着他朝乾夕惕的奋进。

正是凭借着坚忍的毅力与天生的才能，他打下了稳固的根基，当时全校学生中，黄自是钢琴弹奏得最好、最为人称赞与羡慕的。据史料记载：1923年3月，黄自作为演出嘉宾，参加了清华在北京青年会举办的首场对外公演音乐会，节目类型涉及钢琴独奏、四手联弹、男声四重唱等，当时他表演了帕德雷夫斯基的《G大调小步舞曲》、夏米娜德的《林中仙女》等曲目，受到现场观众的一致喜爱，演奏完毕后，掌声雷动。同年9月，黄自带领学生会全部到会者，在全校的迎新大会上演唱校歌。1924年3月，甲子级学生在毕业前举办活动，饯别全校教职人员，黄自在饯别活动上参与演出了声乐作品（笔者注：据现有文献记载，一说，黄自当时演唱了英语歌剧《Nedley》，但查无此作品。另一说，Nedley为笔误，应为二重唱Medley —— 此为 19 世纪至 20 世纪常见表述）作为余兴节目。可见从那时起，黄自的音乐天才，就已经有充分的表现了。

由此，他也成为了清华园的音乐名人。戴鹏海曾提及：在学生自治会推出的《清华周刊》和甲子级年刊中均可查见诸如"大名鼎鼎之'音乐家'黄今吾""学院内一流 …… 音乐家 …… 黄自""作为真诚的艺术家、音乐家，他是我们的骄傲和偶像，…… 他将成为熠熠生辉的出类拔萃者"之类的赞美之词。

1924 年，黄自参观在天坛举行的"古物展览会"，详录我国各种古乐器的构造及尺寸，表现出他对中国音乐史的浓厚兴趣。

虽然如此，清华时期的黄自，绝非"两耳不闻窗外事"的"桃花源中人"，他始终不忘关注国家和民族的命运。黄自秉持家国情怀的赤子之心，砥砺奋进，"以文弘业，以文培元，以文立心，以文铸魂。"1919 年 5 月，五四爱国运动在北京爆发。五四运动以青年学生为主力军，在五四运动前，清华《管理学生规则》规定"学生不得加入政党、与闻政事、或充当校外报社之访员"。学校只有每级级会以及一些学生自由组织的社团，没有自治会、学生会等全校性学生团体。"有关于学生全体事件发生，则召集各级各班领袖，以兹讨论。"学校设有"斋务处"，由斋务长负责。学生一举一动，均受严格管制。但当五四运动爆发后，清华学生积极参与其中，学生中爱国的、青年的朝气，一下迸发出来，以青春之我，奋斗之我，为民族复兴铺路架桥。清华学生进行集会、宣誓、游行、街头演讲、焚烧日货、罢课、粘贴标语、成立义勇军等活动，学校均未阻拦。为躲避军警追查，清华学生还邀请北京各校代表聚集在清华开会，讨论下一步活动计划。尤其在 6 月 3 日，清华有 100 多人进城演讲，遭到警察的镇压，40 余人被逮捕。4 日，清华又派出 160 多人参加演讲，其中近 100 名学生被捕。5 日，几乎所有在校学生都进城宣传，并且随身携带毛巾、牙刷、铺盖等物，做好被捕坐牢的准备；当日军警封锁城门阻止学生进城，清华学生不为所屈，回校取来帐篷就地宿营准备抗争到底。生逢乱世，即使命运如蝼蚁，他们仍旧心向阳光。"吾辈当自强，执书仗剑耀中华"正是爱国青年们内心真实的写照。

这时黄自虽才满 15 岁，还只是一个中学生，但在运动爆发之后的一个月内，他就和全校同学一起参加了全校大会和罢课。戴鹏海教授在《永远的黄自》一文里介绍道：当时黄自跟同学们一起围绕"收复失地""废除二十一条""拒签《巴黎和约》"等要求，在"国耻纪念会"上集体宣誓、集体减少每月膳费，以资助就山东青岛问题与政府交涉的本校学生代表团所需费用，以及去北京向市民进行反帝爱国宣传和散发传单等。五四运动之后（到留美前），黄自还先后和全校同学参加了北京各校学生为声讨制造"福州惨案"的日本帝国主义罪行、反对"华盛顿会议"、要求收回旅大、呼吁赎买胶济铁路以及纪念"五七国耻"五周年而在天安门举行的集会和示威游行，前后共五次。可以说，少年时期的黄自，在清华接受了五四运动的洗礼，在他的心中种下了"殷殷之情，俱系华夏，寸寸担心，皆为家国"的赤诚情怀，积极参与反帝反封建的社会活动，进一步铸就了他的爱国民主情怀。

黄自在清华八年，颇受校内外许多导师欣赏。梁启超先生便非常喜爱黄自，对黄自寄予厚望，并为他赐字"今吾"，梁曾有名言"不惜以今日之我，难昔日之我"，即要不断承认错误，不断改进自己、超越自己，"今吾"二字即为此意。黄自很欢喜梁先生的赐字，日后经常使用此字。近代文学家、翻译家、教育家、书画家林纾也为黄自赐字"俶轩"，但此名黄自使用较少。

人才辈出

1924 年，黄自毕业于清华学校，成绩优异，获准庚款留美，入俄亥俄州欧柏林学院攻心理学。1924 年为甲子年，因此黄自这一届的毕业生，被称为清华甲子级。

清华甲子级毕业生多为 1916 年由各省推荐选送和学校公开招考入校，入学年龄在 12 岁左右，大多来自江、浙、闽、粤等沿海经济发达地区的官宦士绅、商人地主家庭。清华入学竞争十分激烈，入校后的考试频繁，淘汰率也相当高。无论是四年中等科毕业晋升高等科，还是四年高等科毕业派遣留美，都须经严格考试而定，宁缺毋滥。所以到 1924 年拍甲子级同学毕业照时，人数从最初（1917 年入校一周年合影留念时）的 85 人缩减至 66 人。五四运动前，校园管理也极为严格，有些规定按当下的眼光看有些不近人情。譬如：学生在校园走路时禁止吃东西、宿舍内严禁读小说等。

也正是经历了这种严苛的管理和淘汰，甲子级毕业班里人才辈出，群英荟萃，散发着耀眼的光芒。

据记载：除黄自外，还有物理

1924 年，黄自清华毕业照

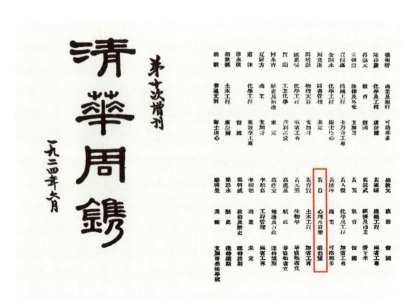

1924 年 6 月出版的《清华周刊》第 10 次增刊上对黄自赴美选习学科的报道

学家、教育家和社会活动家、中国科学院院士、中国近代力学奠基人和理论物理奠基人之一周培源，经济学家、国际活动家、开展民间外交工作的杰出领导人冀朝鼎，考古学家、中央研究院第一届院士梁思永，革命烈士施滉，文学家饶孟侃，水电专家黄育贤，心理学家周先庚等，可说是群星闪耀。虽然如此，但甲子级同学并不以此自傲。早期《清华周刊》刊有《清华各级级风》一文，其中写道：

> 甲子级有一种最显著的级风就是客气，和蔼可亲，谦逊有礼，很少神气得不可一世的人。

甲子级的同学从 1916 年入校到 1924 年毕业，大多一起学习生活相处了八年之久，因此感情十分深厚。曾任甲子级级长的"老周"——周培源和新中国外贸事业开创者冀朝鼎，与黄自最是交厚。1921年毕业的罗隆基（中国民主同盟的创建人和领导人之一，爱国民主战士和政治活动家）虽比他高三班，但一直是他的挚友。

1924年5月23日，甲子级同学宴请全校教职员，举办毕业话别晚会。晚会的过程被记录下来，并发表在1924年6月6日第317期《清华周刊》上，题为《甲子级师生话别会记略》。文中记载，在晚会上，梁启超以老师兼家长的双重身份发表演说：

> 梁讲师先生之辞最长，首述清华学生之责任，谓人人对社会均有应尽之责，惟清华学生食民之脂，饮民之膏，全国父老兄弟忍辱负重，悉索敝赋以供给之者，其责任尤不可逭。
>
> 次述清华学子应注意之三点：一曰，为社会服务计，为自身生存计，宜立志做第一流学问家，毋为半瓶醋；二曰，不可忘中国为世界最不幸国家之一，美国为世界最侥幸国家之一，美国所得之学问不能囫囵吞枣而施之于中国；三曰，美国国情既有异于中国，而于学问之应用，不可削趾适履矣，人格上之修养，更有同然者。故吾人应留心，毋为处歌舞升平之国之人格所化。吾人应努力，为苦心奋斗的人格之修养焉。

清华甲子级的同学们在这里大多相处了八年。感情自然非比寻常，这段时期是他们世界观形成，奠定人生走向的重要阶段。

文学家饶孟侃1916年入清华读书，加入中国新文学史上第一个校园纯文学团体清华文学社，后成为与文学研究会、创造社鼎足而立的新月派健将。

与黄自交好的物理学家周培源，虽年龄不大，却稳重厚道，同学们称呼他为"老周"。"老周"喜欢体育运动，拿手项目是中距离跑。在学校运动会上曾获3英里、1英里和880码比赛项目冠军，并参加华北运动会。"老周"还参加了"科学社"，升入高等科后已能写出极具创新意义的学术论文。

毕业生们秉持"为天地立心，为生民立命，为往圣继绝学，为万事开太平"的宏图伟愿，在各自的领域开辟荆棘，奉献自我，如启明星般闪闪发光。

不管是黄自还是清华甲子级的其他毕业生们，他们都没有辜负梁启超先生的嘱托，做第一流的学问家，培养第一流的人格，在各自的领域演绎出精彩人生，为国家为民族做出了不朽的贡献。

第三章　留美

欧柏林学院的精品教育给黄自提供了广袤的知识海洋。在学业与日俱进的时候，黄自的感情生活却遭受了沉重的打击。这次意外让他离开睹物伤情的心碎之地，而他后来的毕业作品《怀旧》的诞生，也与这一次意外有着密切的关系。《怀旧》首演的成功，不仅意味着黄自毕业大作的成功，也开启了中国作曲家创作管弦乐作品的探索之路。

深造

　　1924 年 6 月，黄自修业期满，从清华学校毕业，以成绩优异，获准全额官费留美，进入美国欧柏林学院（Oberlin College），开始了自己为期五年的留学生活。正是这几年的留学生活，拓宽了他的眼界，增长了他的见识，给他的人生带来了浓墨重彩的一笔。全额官费包含了黄自留美学习期间的往返差旅费、服装费、学杂食宿费和生活费，类似现在的全额奖学金，这是当时留学生经费来源的主要途径之一。

1924 年黄自（左四）临出国前与家人合影

8 月 22 日，黄自从上海乘美国杰斐逊总统号邮轮（Pres. Jefferson）启程赴美，到西雅图后改乘大北公司（Great Northern Railway）火车赴校，9 月下旬注册入学。

欧柏林学院是当时美国最好的文理学院之一，位于美国俄亥俄州克利夫兰西南 35 英里处一座宁静的小镇。历史上，欧柏林学院以思想进步而闻名，建校之初即为男女同校，是美国第一所实行黑人与妇女平等教育、让二者拥有与白人男性同等的大学教育机会以及获得大学学位的权利的高等学府，也是自由主义的先驱。学校的座右铭是"Learning and Labor"（学习与劳动），体现了学校将学习与现实结合的灵活教育。

但对于黄自来说，这所学校最吸引他的地方还在于，欧柏林学院有着全美国最好的音乐学校。据不完全统计，校内每年有平均500 多场音乐会、演唱会和戏剧表演，汇聚了校内师生和来自全世界的知名音乐家的演出，其交响乐团也享誉全美。有这样一段介绍，可让我们更加了解为何黄自会对欧柏林音乐学院心向往之。

欧柏林大学始建于 1833 年，位于美国俄亥俄州克利夫兰西南 35 英里处一座宁静的小镇，据说人口不到一万，是一座典型的大学城。这所大学以浓厚的理想主义和多元化的人文思想而闻名。欧柏林大学由两所学院组成：文理学院和音乐学院。文理学院的历史较长，它还是美国第一所授予妇女学士学位的学校，目前在全美文理学院的排名在第 25 左右；音乐学院成立于 1865 年，是美国历史最悠久的音乐学院之一，也是美国第一家设立四年制大学学位的音乐教育机构，享有世界声誉。2009年，欧柏林音乐学院获得了全美艺术类奖牌，这是美国政府授予艺术家、艺术机构和艺术赞助者的最高荣誉，以表彰其创造性贡献的广度和深度。

尽管名声在外，但欧柏林音乐学院始终控制着教学规模。上海大学音乐学院院长王勇教授在《谭小麟与他的三位美国老师》一文中曾介绍：现只有学生615名，这与不少中国的音乐学院相比，人丁实在不算兴旺，但学校拥有斯坦威钢琴207架，平均每三位学生就有一架，不同规模的音乐厅五处，收藏乐器1500余件，师生比例达到了1∶8，尽管这会大大提高教学成本，但该校认为，只有坚持这样的师生比例，才有可能造就精品教育，而精品教育正是这所学院百余年来一直不变的宗旨。

他在清华学习音乐时用的和声书（Lessons in Harmony），作者是希克斯（Arthur E.Heacox）和莱曼（Friedrich J.Lehmann），巧的是他们也都执教于欧柏林学院，是理论组的正教授。莱曼是欧柏林的毕业生，原来主修钢琴及声乐，留学德国，返国后在母校任教达30年之久，曾出版过数本乐理教科书。关于希克斯，目前只知道他也是欧柏林出身，1893年毕业。冥冥中，这或许为黄自于两年后提交"入学申请书"时，把音乐作为自己进一步深造的学科，埋下了成长的种子。黄自进入欧柏林学院后，希克斯和莱曼也都成为他学习作曲理论课程的导师。这两位教授虽然不是我们熟悉的乐坛名人，但黄自却从他们那里收益颇多，因此，黄自生前常常提起这二位恩师。

前文我们曾提过，清华学校原无大学部。1920年1月15日，校长张煜全才向外交部呈报筹设大学部的工作计划，1921年初确定，1921年秋季学期时实行。其中规定，高等科四年级改为大学一年级。根据这一规定，本应于1923年秋升入高等科四年级的黄

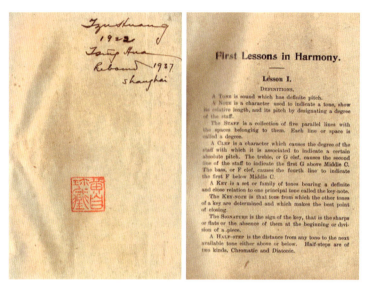

黄自在清华时使用的书本

自转为大学一年级。并且，当时清华学校还与美国各大学签订了学历、学分等值的协议，清华高等科最后两年的学历等同于美国大学前两年的学历，因此黄自一进入欧柏林学院，便插班进入三年级。

黄自留美本欲专作音乐的探讨，但因为清华学校的官费支持中没有音乐生的名额，便只能选择进入欧柏林艺术与科学院心理系学习。在 1924 年 6 月出版的《清华周刊》第十次增刊上，我们也看到了黄自就读欧柏林的学科为：心理（主科）及音乐（副科）。

来到欧柏林学院后，黄自一面攻读心理学课程，"主修心理学、卫生学、生物进化论、教育学、社会学、哲学、圣经和艺术欣赏等 8 门必修课程"外；一面继续学习音乐，"选修了乐理（含视唱练耳）和钢琴（含键盘和声）两门音乐院的基础课程"。忙碌的学习生活丰富了他的大学求学经历，也增长了他的能力和见识，

留美时的黄自

他拼命地在西方的土地上汲取营养，这棵树苗正不断地成长。

两年后（1926 年 5 月），黄自的主科学分已达 130.5 分（在清华就读时所修并转去欧柏林经确认的学分 70，加上在欧柏林就读两年累积的学分 60.5），超过了学校规定的毕业标准 120 个学分，因此黄自提交了毕业申请，经校方认定，被授予文学士学位，且因"学行并茂，成绩特异"而被提名入选为全美优秀大学生荣誉组织"法·培德·嘉派学会"（Phi Beta Kappa）会员，他也是当年新增 30 位会员中唯一的一位华人。这不仅仅是他用勤奋和汗水换来的个人成果，更是西方认识中国人的重大一步。

毕业后，因官费学习期未满，黄自可继续留校深造。音乐院教授因黄自天资出众，成绩优异，便代为其请求留美学生监督处，为黄自请得了专门学音乐的允许，黄自得以继续在院内专门学习音乐。两年间修习了"音乐理论（含和声、对位、赋格及视唱练耳等）、作曲、钢琴、声乐、音乐教育及和声教学等课程，共计 72 个学分"。

早在黄自还在念心理学时，就已选了音乐课，他所有的选课都集中于音乐。下面是他在该校四年（文理学院及音乐学院各两年）所选的全部音乐课程及所获学分（笔者注：内容整理自韩国鐄教授《留美三乐人：黄自·谭小麟·应尚能留美资料专辑》一书第 39—40 页）：

学年		科目	学分
1924—1925	第一学期（秋）	乐理（练耳）	4
	第二学期（春）	乐理（视唱听写）	4
		钢琴	4
	1925（夏）	乐理	0（未选学分）
1925—1926	第一学期（秋）	未选音乐课	0
	第二学期（春）	乐理（键盘和声）	0（未选学分）
1926—1927	第一学期（秋）	乐理（视唱听写）	4
		钢琴	6
		唱歌	2
		音乐教育	2
		音乐会出席（15次）	1
	第二学期（春）	乐理	3
		钢琴	6
		唱歌	2
		音乐会出席（14次）	1
1927—1928	第一学期（秋）	乐理	3
		作曲	3
		钢琴	6
		唱歌	2
		音乐会出席（12次）	1
	第二学期（春）	乐理	3
		钢琴	6
		作曲	3
		和声教学	2
		音乐会出席（13次）	1

在音乐院两年中，黄自只缺席过四次课程。黄自所选音乐课程中，以乐理最多，而钢琴次之。乐理课程全部获A，作曲介于A和B之间，钢琴为B，唱歌也为B，其他又皆A，可见得黄自从这时起，便有心专攻理论作曲。

上海音乐学院图书馆于 2013 年启动的《黄自手稿典藏计划》

中，存有黄自就读欧柏林时期的一些珍贵考卷，涉及音乐术语学、对位法、和声等。其中一份为黄自于 1927 年 6 月 14 日（笔者注：估计是期末考试期间）参加音乐理论五级考试获 A+（考卷共考了 6 条，其中 1 条得 A+，2 条得 A，2 条得 B+，1 条没得分，卷内总分为 A–）的考卷。韩斌研究馆员曾考订，这份考卷的阅卷老师，是欧柏林音乐院音乐理论系的维克多·沃汉·莱特尔（Victor Vaughn Lytle，1884—1969）教授。他曾在维也纳跟随申克的弟子汉斯·维塞（Hans Weisse）学习，回到美国后在欧柏林任教并传授申克分析法，是目前所知美国最早的申克音乐分析法传播者和研究者。

黄自在欧柏林期间，教理论作曲的有正教授三位、副教授两位、讲师数位，其中对黄自影响最大的两位理论作曲老师，便是前文提及、他在清华时使用的和声教材作者莱曼（Friedrich J.Lehmann）与希克斯（Arthur E.Heacox）。黄自 1926 年入校，1927 年春便开始作曲，到 1928 年夏，他已经完成包括独唱作品《唱歌》、二重唱作品《摇篮曲》（根据勃拉姆斯同名艺术歌曲改编）、合唱作品《G 大调四声部赋格》、钢琴复调作品《二部创意曲》和室内乐《d 小调弦乐四重奏》（未完成）等 16 首器乐习作。

1928 年，在希克斯的和声课上，黄自以英文写作的论文《和声教学法札记》（《Harmony Teaching Note Book》）获得了老师的极高赞誉。

黄德音回忆当年父亲的讲述时说：

> 希克斯不仅给出了 A+ 的最高评分，给了首奖，还专门题写了"这本笔记能提供你崭新的探讨能力，以臻于工作的至善"的评语。

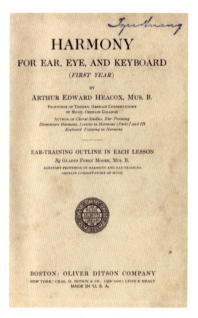

《和声教学法札记》内页　　　　希克斯教授给黄自的评语

　　这个头等奖是他导师著的一本书，书名为《Harmony
for Ear, Eye, and Keyboard》，里面写了"To my pupil and
friend, Tzu Huang, for the first prize winning Notebook
on Harmony Teaching. Arthur E.Heacox, June 9, 1928"。
他把黄自既看为学生，又看成朋友。这就是黄自获得的
他这门课的头等奖。

　　此外，教授黄自音乐课程的老师还有教授钢琴的弗兰普顿
（John Ross Frampton）、林德奎斯特（Orville Alvin Lindquist），
与教授唱歌的哈龙（Herbert Harroun）。弗兰普顿是风琴及钢琴
正教授，1901 年获文学学士，1904 年获音乐学士，1906 年获文学
硕士。林德奎斯特也是正教授，1901 年毕业，1906 年获音乐学士。
哈龙也是正教授，1884 年获文学学士。

欧柏林大学校园内的 Warner Hall
（黄自在学时该校音乐学院所在处）

　　来到欧柏林学院后，黄自如饥似渴的学习着各种音乐知识，聆赏各类难得的精彩演出，还参加了卫理公会及联合教会的唱诗班和音乐组。如果说他是一棵树苗，那么这个阶段正是他最需要营养的时候，不断的汲取与吸收，让他存满了力量。

情殇

荣枯有数，得失难量，或许人事终究不能两全。就在他的学业与日俱进的时候，他个人的感情生活却突如其来地遭受了一次不能承受之重的打击，这次打击促使他通过转学离开了欧柏林学院 —— 这个曾经使他如鱼得水般乐在其中的向往之地，如今却成为他睹物伤情的心碎之地。而他后来的毕业作品《怀旧》（In Memoriam）的诞生，也与这一次意外有着密切的关系。

20 世纪 20 年代来美的外国学生多数住在美国人家里，不住宿舍。据资料显示，黄自在欧柏林学院就读时先后住过四个地方，次序为：联合街 22 号、北大街 168 号、罗仑南街 82 号和西达南街 21 号（这四个地点离欧柏林学院都比较近）。也就是住在西达南街 21 号期间，黄自结识了早他一年来美留学的清华校友胡永馥，并与其相恋。

西达南街 21 号的主人是威廉斯太太，她丈夫生前曾到中国传教，威廉斯太太与当地的中国留学生相处颇为友善，因此，当时欧柏林中国同学会的聚会地点便选在了威廉斯太太家。欧柏林中国同学会成立于 1914 年，在黄自就读的时期有 20 多个成员，每月定期聚会一次，举行社交活动和业务会议，每周星期天（或双周星期天）另有小型座谈会，包括教授们的演讲。黄自是 1924 年秋到校的，因为书法出众（黄自自幼习练柳体楷书），1925 年春即被选为文书，1925 年秋又被选为联络，1926—1927 年度则被选为会长。

　　胡永馥是湖北汉口人（一说为孝感人），英名玛莉（Mary），1923 年考取清华第五批保送留美学生，入欧柏林主修教育，兼修音乐，擅弹钢琴，与黄自同于 1926 年毕业。在欧柏林的中国留学生中，胡永馥的表现是较为活跃突出的，并且深得留学生之众望，"1924 年，胡永馥被选为该校中国学生会副会长，1925 年春复被选为副会长，1925 年秋被选为该会会长，同时胡永馥还是国际学生会的正式会员"。由于会务及相同的兴趣，黄自与胡永馥经常来往，并萌生爱情，走到了一起。对黄自来说，这段恋情是他全情投入的初恋，据说，黄自曾将他获得校方颁发的"品学兼优奖"奖励金钥匙送给了胡永馥。二人情深义厚，在 1925 年（也有说 1926年底），黄自与胡永馥订下了婚约。

　　当年，胡永馥从欧柏林学院毕业，获得文学学士。毕业后，又继续深造了一年，于 1927 年回国。但不幸患上心脏病，缠绵病榻 5 月，终于医药罔效，于 1928 年 3 月病逝于上海。"此去隔山隔海，

欧柏林中国同学会合影（后排右二黄自，前排右五胡永馥）

就读欧柏林时的黄自　　　　　　　就读欧柏林时的胡永馥

此生再无归期，念想断了，终成遗憾。"

　　黄自接获噩耗，不胜伤恸。他的初恋去了远方，成为了一颗星星，坠入银河。"因为胡永馥是虔诚的基督教徒，黄自当即用亨德尔的《广板》填上歌词，谱成四部合唱寄给胡的家人，请她们在葬礼上演唱，以抚慰亡灵，并寄托哀思。"

　　1928 年 7 月，黄自向耶鲁大学（Yale University）音乐学院提出转学申请。同年 9 月，黄自的转学申请获准，即前往耶鲁大学音乐学院报到注册。

　　为什么黄自要离开欧柏林这样优秀的学院？一来，有说法黄自因女友胡永馥的突然离去，受到沉重的精神打击，处在欧柏林校园内处处睹物思人，却已物是人非，因此决意离开，以平复心灵的创伤。二来，欧柏林学院为本科生提供教育为主，旨在"让学生们在不受未来就业的压力下，能够自由的感受学术研究的氛围"，所以，其课程体系，是以基础学科为主，注重打造精品教学，师生互动往往较密切。学生在"结束了本科的学习结束之后，教授往往会亲自推荐学生去其他大学继续深造"。黄自也因此希望进入其他著名大学，以获得更多和更深入的专业教育与训练。

转学

耶鲁大学，位于美国康涅狄格州纽黑文，是全美第三古老的高等学府（第一所是哈佛大学Harvard University，第二所是威廉玛丽学院William&Mary），最初由康涅狄格州公理会教友于1701年创立，1716年迁至康涅狄格州的纽黑文（位于新英格兰和纽约两大都会之间康涅狄格州的第二人口大城）。耶鲁大学被公认为是全美乃至世界最好的私立大学之一，是美国大学协会的14所创始院校之一，也是著名的常春藤联盟（Ivy League）成员。耶鲁大学音乐学院（Yale School of Music）是美国耶鲁大学下设的一所专业学院，也是"世界顶级的音乐院校，培养出了几代世界知名的音乐表演艺术家、作曲家和该领域的领军学者"。据说，耶鲁人对音乐喜爱倍加，每年举办的音乐会多达上千场。

耶鲁大学校园内的 Sprague Memorial Hall
（黄自在学时该校音乐学院所在处）

1928年9月，黄自的转学申请获准，即前往耶鲁大学音乐学院报到注册。"没有不可治愈的伤痛，也没有不可结束的沉沦，所有失去的都会以另一种方式归来。"当时的耶鲁大学音乐学院实行"三二制"的学制，即新生入学的最初三年，学习成绩合格的话只颁发合格证明，之后还须继续学习两年高级课程，一共要学满五年，才能授予学位。转学生一般要插班入大四学习，念两年，但黄自因官费留美期限只有五年，且在欧柏林成绩特优，于是得以直接插班进入大五，作为转学生一年后即获学位，这在当时是少有的，由此足见黄自学习成绩的优异。

韩国锳教授曾查核过黄自插班就读耶鲁大学音乐学院那年的五年级程度课目，有：作曲（奏鸣曲式）、高级配器法、高级和声和戏剧音乐；四年级程度的课目是：赋格作曲法（各种对位）、自由作曲法（作品分析）、初级配器法、管弦乐作品分析、贝多芬以后（即古典主义时期之后）的音乐和标题音乐。

因时间限制，黄自不可能在一年之内选满十门课程，便专攻理论作曲，集中于作曲（奏鸣曲式写作）和配器法两门的课程，同时准备毕业作品。

从现有的研究中，我们得知黄自在耶鲁大学音乐学院学习时的主课老师应是时任院长、新港交响乐团指挥大卫·斯坦利·史密斯教授（David Stanley Smith，1877—1949）。

史密斯，1877年7月6日出生于美国中东部俄亥俄州的托莱多

大卫·斯坦利·史密斯照

城（Toledo），后入耶鲁大学随知名作曲家派克（Horatio Parker, 1863—1919）学习作曲，1900年留学伦敦、慕尼黑和巴黎，后返回耶鲁，于1903年获音乐学士学位，留校任教。1916年，西北大学（Northwestern University）授予其荣誉博士学位。1920年他接替恩师派克成为耶鲁音乐学院院长，任期达26年之久，1946年退休，1949年12月17日逝世于新港城。

史密斯是一位作曲家，他一生创作有大小型作品80多部（曲），以管弦乐、室内乐和歌曲为主，又以室内乐最受称许。关于史密斯的创作风格，在韩国镇教授的研究中有明确记录：时人评价他的乐风："敏感，时而有力度，经常表现得很细腻，永远都是有逻辑性，即使是最富幻想的片刻，甚至于在不协和和弦的运用上都显示出逻辑……"他最出色的室内乐作品被人评价"形式和内容并重，没有华丽的音色和浩大的效果……专注细心个性的反映"。史密斯不但教授黄自理论作曲，后来还亲自指挥他的毕业作品《怀旧》的演出，黄自受其亲炙，也学到了史密斯那种严谨细腻而富有感情的音乐风格。史密斯也是一位杰出的指挥家，他从1919年开始任新港交响乐团（New Haven Symphony Orchestra，以耶鲁音乐院师生为主的乐团）的指挥，直到退休后才放下指挥棒。其间并受邀客席，指挥过许多大交响乐团。后文将重点论述的黄自毕业作品《怀旧》，就是由史密斯指挥新港交响乐团首演并获成功的。

在耶鲁大学的一年，也成就了黄自个人艺术个性的形成，其标志性的事件，便是交响乐作品《怀旧》的诞生。在这座艺术殿堂的摇篮，黄自不仅仅从沉沦中走出，还创作了影响音乐界的作品。因不管是欧柏林还是耶鲁，两校当时教授的课程都是较为传统的乐理及作曲课，当时在美国流行的音乐风格也趋于稳健保守，这种乐风对于黄自未来的创作风格产生了深远的影响。如果说，黄自此前的创作多半带有习作性质的话，那么 1929 年 3 月 13 日胡永馥逝世周年之际，黄自怀着极度悲痛心情完成的交响序曲《怀旧》，可以说是黄自在美国五年学习西洋音乐的一个总成绩。

这部作品是一首采用传统奏鸣曲式写就而成的抒情性管弦乐作品，属于音乐会序曲（笔者注：原是戏剧开幕以前所奏的开场音乐。19 世纪后在性质上接近于交响诗的序曲）范畴。乐曲中的对位运用，功能和声的掌握，都达到了相当的高度，是一首情深意切，真挚动人，个体鲜明的作品。"在这片广袤而贫穷的中国土地上，这乐声是微弱的，但却显示了中国人是有才能智慧的，中国不仅有灿烂的古代文化，还将创造出光彩夺目的新文化。"

钱仁康在《黄自主要作品分析》一文中，对《怀旧》有完整地分析。他认为：

这部序曲富于浪漫色彩，贯串着动人的抒情性，这是黄自的重要创作特征之一。作品中的音乐形象是很丰富的，有叹息和啜泣般的悲剧性音调，有甜蜜的回忆，有爱情的倾诉，有热情的奔放，也有庄严的众赞歌风格的主题。这是一部悼念爱人的作品，但丝毫没有绝望悲观的情绪，而始终表现出内心世界的广阔和感情力量的巨大。

序曲以概括了全曲主要形象的缓慢的引子开始。低音弦乐器悲壮肃穆的齐奏，表现出叹息和沉思的形象，使人想起舒伯特《未完成交响曲》的引子。接着，简短的叹息音调模进两次以后，立刻扩展为气息宽广的倾诉般的旋律。在主部中，先是以叹息音调为基础的第一个主题

（笔者注：表现了在人生之旅中的抗争精神）和它的反复，然后是抒情性的第二个主题（笔者注：对过往爱情生活的回忆和对美好未来的憧憬）。副部是爱情主题，在性质上接近于主部的第二个主题，两者的音色上也很相似，都包含双簧管和单簧

管弦乐曲《怀旧》手稿（馆藏于上海音乐学院图书馆特藏室）

管的前呼后应。但副部的性质更为内在、更为深刻，更富于歌唱性；它已不是内心世界和自然界的形象的结合，而纯粹是心理方面的刻画。结尾部出现了众赞歌风格的主题，和作品所悼念的人（笔者注：因胡永馥是基督教信徒）的形象相关联。

展开部的前半是主题的紧张的展开。在这里，主部的个别动机在动荡不定的调性上不断模进和反复，向高峰推进，形成一股悲剧性的热潮。

在再现部中，主部的第一个主题缩短了，但和声更加丰满了。第二个主题的气氛也更为浓厚，一开始就出现了竖琴的伴奏，并接上了法国号上的叹息般的音调，最后和连接部融合在一起。

耶鲁大学校园内的坞西音乐厅外景，韩国镆摄于 1982 年 5 月
（黄自所作《怀旧曲》的首演处）

　　在结尾部的末尾，众赞歌风格的主题之后紧跟着庄
严肃穆的、具有管风琴效果的主题。然后独奏小提琴和
独奏中提琴用主部的主题互相应和着，清彻的竖琴结合

着柔和的管乐的持续和弦与弦乐的分散和弦，表现出
"天上人间会相见"的意境。

黄自是如何创作《怀旧》的过程已经无人知晓。这部作品也
是黄自的毕业作品。1929 年 5 月 31 日，在耶鲁大学的坞西音乐厅
（Woolsey Hall）举行的应届毕业生音乐会上，《怀旧》由黄自的导
师史密斯院长亲自指挥以该院师生为班底的新港交响乐团合作演
出。这场音乐会表演的曲目包括耶鲁大学当时七位优秀学生的毕
业作品，其中入选的管弦乐作品只有三首，《怀旧》是其中之一。

交响乐团学生年度音乐会

节目单

1929 年 5 月 31 日

《E 大调管弦乐前奏曲》	科尼利厄斯·琼斯
《e 小调小提琴协奏曲》Op.64	门德尔松
《f 小调钢琴协奏曲》	巴赫
交响诗《幸福的愿景》	卡尔·L·布鲁姆
《D 大调小提琴协奏曲》Op.61	贝多芬
管弦乐序曲《怀旧》	黄自
《#c 小调钢琴协奏》Op.30	里姆斯基-科萨科夫

《怀旧》在康州新港坞西音乐厅的首演获得很大成功，受到听
众的欢迎和音乐界人士的瞩目。欧柏林学院的《校友杂志》上记
录了一段当时地方报纸的评价：

黄自的序曲《怀旧》是所有创作的管弦乐曲中的佼
佼者。该曲或许不像其他作品那么炫耀，但至少有一个

中心乐念，并且表现出最佳的配器手法；它同时也是音乐会中唯一令人充分欣赏的作品。

《怀旧》首演的成功，不仅意味着黄自毕业大作的成功，也开启了中国作曲家创作管弦乐作品的探索之路。

2009年，时任上海音乐学院图书馆馆长的钱仁平教授在清点图书馆中多年留存下来的乐谱资料时，从中发现了许多尘封多年的珍贵乐谱手稿。其中一份有些残缺、颜色泛黄、写于乐队专用谱纸上的音乐作品手稿，正是黄自当年在耶鲁创作的管弦乐《怀旧》的手稿真迹，上面还依稀能辨认出黄自当时留下的修改痕迹。手稿原件现经无酸化处理，馆藏于上海音乐学院。

因为《怀旧》的成功，黄自顺利获得耶鲁授予的音乐学士学位，"从而成为我国第一位在国外专攻理论作曲而获得这一学位的留学生"。此外，还获得了学校数目可观的奖金。

第四章 ——— 归国

在黄自的心中，永远『月是故乡明』，而他也做到了『一片丹心图报国』。他放弃发展的机会，从大洋彼岸投身祖国的怀抱。用自己的学识，写出了一首首绝唱。在国内，一首《怀旧》使他名声大振，在各大高校传授自己的见解，丰富国内的音乐知识。同时，与良妻成家，也给黄自的事业提供了帮助。

归心

　　音乐会后，1929 年 6 月 9 日《新港晚报》（New Haven Evening Register）发表了一篇题为《耶鲁大学的中国青年取得杰出成绩》（Chinese Youth at Yale Has Unique Record）的黄自专访文章。文中写道，黄自的朋友们都认为，以黄自的天赋和才能，如果留在美国发展，一定会有大好的前程，都劝黄自留下。然而黄自却渴望回国服务，他渴望将自己的所学带回给自己的国人。"慷慨赴国难，拳拳赤子心。"他说：

　　　　中国在教育方面，正需要最好的经验，艺术也渐受到重视……我们不被认为是一个音乐的民族，因为我们的乐感还未被启发。我们的政府已经在小学和中学开始进行这种启蒙，这是我期望回去之后能够从事的工作。

《新港晚报》对黄自的专访报道

　　这番话清楚地表明了黄自的家国情怀，他满怀理想、抱负，决意回国将所学献身给需要他的国人，从事中国音乐教育的开拓工作，以此报效祖国。

　　"梁园虽好，非久居之乡，归去来兮。"黄自是这样说的，更是这样做的。人生有了远方，也就有了追求的高度，人生一旦有了追求，远方也就不再遥远。毕业一个月后，黄自回到了中国。并在今后的岁月里，为中国的音乐事业奉献终身。

1929 年 6 月，黄自结束了在欧柏林四年、耶鲁一年的留学生涯，离开美国。之后，他用《怀旧》所得学校之奖金为旅费，取道欧洲回国，途中游历了英、法、荷、意等国的文化古迹。西方神秘而又浪漫的文化建筑进一步拓宽了他的视野，增长了他的见识，给他的生活带来了更加丰富的色彩。在英国，帝国的皇宫，浩瀚的博物馆，巨大的笨钟，恢弘的议会大厦，繁荣的购物中心，黄自在这里体会到了时尚与现代，古典与潮流的相互辉映。他还曾寄过一张明信片给耶鲁大学的一位工作人员。在意大利米兰时，他观赏了文艺复兴时期的美术作品，艺术家们对人文主义的追求深深的震撼了他的心灵。后来，在上海美术专科学校的一次演讲中，黄自还谈到了自己在米兰的圣玛利亚教堂观赏达·芬奇的名画《最后的晚餐》时的体会。欧游的艺术体验引发了黄自极大的共鸣与触动，这是与含蓄内敛的古老中国大地上流传千年的文化不同的体会，也对其音乐思想的形成产生了深刻影响。

1929 年 8 月 30 日，黄自终于抵达上海，回到了他魂绕梦牵的祖国。次日的上海《申报》第 17 版专门报导了这一消息。现抄录如下：

> 川沙黄自号四由，于 1924 年毕业清华学校赴美留学，专研音乐。今夏毕业耶鲁大学音乐科，得音乐学士学位。此学位须毕业大学后专修四年，考试及格，始能取得。中国人留学兼习音乐者有之，其专习音乐而得此学位者，黄自为第一人。其所习为乐理科，如和声学 Harmony、对

位学Counterpoint、赋格曲Fugue、严格仿效曲Canon、乐体Musical Form、乐体配合法Orchestration、自由作品Composition等。

此外更习音乐识途Musical appreciation、音乐史、唱歌、钢琴、指挥法等。黄君曾因丧其未婚妻，制一悼亡曲In Memoriam，长60余页，配合各式乐器，在耶鲁毕业时，纽海文全城之音乐队The New Haven Symphony循向例，集将毕业诸生演奏其心得。黄君之悼亡曲，最博全城士女之欣赏与感叹。黄君尤长于心理学。此次浸游欧洲，浩然归国，已于8月30日抵沪。一切由上海职业指导所代为接洽。闻明日下午4时半，家庭日新会在徐家汇沈叔逵园内开会欢迎，并请黄君奏艺云。

这一则夹杂英文专有名词的报道虽然表述略感不够通顺，但仍不失为研究黄自的可贵史料。

《申报》刊载黄自归国报道

9月1日，音乐教育家沈心工在他的私宅花园为黄自举办欢迎会。黄自也应邀在会上发表演讲《家庭与音乐——在上海家庭日新会举行的欢迎会上的讲话》（1929年9月1日）。演讲中，黄自再次强调了"音

乐教育在中国今日
占极重要之地位";
认为音乐"可以帮
助教育与政治，而
有转移风气、改革
社会之功用"；并
表示了"国人似应
有组织研究，对于
音乐上应有一种伟
大之运动"的愿望。

家庭与音乐

——在上海家庭日新会①举行的欢迎会上的讲话●

（一九二九年九月一日）

（前略）

黄四由②演讲　音乐专家黄君讲《家庭与音乐》。略谓音乐为人类固有之本能，陶情淑听，舍此莫由。美国家庭多有音乐之设备，教养子女，以音乐为必需条件，故能洽成康乐和亲之风气。故音乐教育在中国今日占极重要之地位，应自学校与家庭切实注意。音乐之趋势，当趋重于西乐。但国乐亦有可取之点，而未可漠视。关于民间通行之民歌，亦不无可采之处。即如欧美各国，一方尽量吸收外国著名歌曲，一方尽量保存固有民歌而发扬光大。如俄国国民派之音乐家③，均是如此主张。此则颇足供我国音乐家之参考云。

继黄君言，音乐足以表示其人之性情及思潮之趋向。换言之，足以表示人之心理而已。然亦足以改变人之性情，矫正人之趋向。粗暴者闻音乐则性情和乐而安详，颓丧者听音乐而精神振奋。《诗经》云歌舞足以感人，《列子》有河伯鼓瑟，游鱼出听。音乐之感人深固有明效。今日人类之弱点多矣，吾人欲济之，当以音乐为最大之任务。如粗暴及一般人无秩序，音乐均有此种力量，可以帮助教育与政治，而有转移风气、改革社会之功用。国人似应有组织研究，对于音乐上应有一种伟大之运动也。

黄自论《家庭与音乐》

除此之外，黄自还提出了自己的音乐创作理论，他主张学习俄国的民族乐派，创作一种兼顾中西的"国民派"新音乐，他认为"音乐之趋势，当趋重于西乐。但国乐亦有可取之点，而未可漠视。关于民间通行之民歌，亦不无可采之处。即如欧美各国，一方尽量吸收外国著名歌曲，一方尽量保存固有民歌而发扬光大，如俄国国民派之音乐家，均是如此主张，此则颇足供我国音乐家之参考"。

欢迎会上的这次演讲，某种意义上算是黄自的个人宣言，从此之后，黄自的音乐活动便始终以中国的专业音乐教育为活动中心，而在个人的音乐创作上，他则坚持"以西为师、兼收并蓄"的创作理念，以西方的音乐理论和技术来创作发展中国的音乐，《易传》中言"天下百虑而一致，同归而殊途"。未来的中国音乐，应该具有广阔的天下情怀和世界眼光，同时又具有鲜明的民族特色。正因如此，黄自的音乐作品既有西方音乐作曲的技法，又充满中国民族音乐风格。

任职

这次欢迎会后，黄自接受了沪江大学的邀请，受聘为音乐系教授兼该校弦乐团导奏，以及男生歌咏团指导和钢琴学会导师。

20世纪20年代末，沪江大学是当时上海规模最大的教会大学，在全国范围内，也仅次于南京的金陵大学和北京的燕京大学。沪江大学（今上海理工大学）创办于1906年，前身为上海浸会大学堂（Shanghai Baptist College）和上海浸会学道院（Shanghai Baptist Theological Seminary）。据上海理工大学王细荣研究馆员介绍：1906年10月16日，上海浸会学道院在虹口北四川路正式开学，1909年2月10日，上海浸会大学堂在上海东北郊黄浦江畔正式开学。1912年农历新年起，上海浸会大学堂与上海浸会学道院合并。1914年，根据副校长董景安的建议，校董会将合并后的中文校名定为沪江大学校暨道学书院，英文名为"Shanghai Baptist College and Theological Seminary"。 1915年，中文校名改为"沪江大学"，英文名为"Shanghai Baptist College"，简称"Shanghai College"，并确定校训为"信、义、勤、爱"。1920年秋，招收女生入学，实行男女同校。1923年，学校选科定型为教育、宗教、社会、商、理共五科，明确理科培养方向为医学预科、理科教育和化工三项。1927年，校方将宗教课程由必修课改为选修，又将神学院划出。20世纪20年代末，全国掀起"收回教育权"运动，沪江大学改组了校董会，增补8名华人为校董成员。1928年1月，经过改组的沪江大学校董会聘请毕业于美国哥伦比亚大学哲学系、年仅 31 岁的刘湛恩博士为校长，这是沪江大学历史上首任中国籍校长。

刘湛恩就任校长后，除了主张沪江大学"更为中国化"，竭力削弱宗教对学校的影响外，还增设了许多新的专业课程，他一步一步带领这所大学走向全面化发展。与此同时，刘湛恩还强调"学生应文理相通"，大力发展学校 1917 年即开设的音乐教育。他将音乐课提升为沪江大学的必修课。由此，沪江大学的音乐社团也十分活跃，既有中国音乐会，也有西乐社，在当时的上海十分有名。1929 年 3 月，沪江大学增设音乐系及音乐师范科。初建时音乐系有学生六人，音乐师范科有学生三人，音乐教师七人。黄自归国后，便立刻被沪江大学聘为音乐系教授。

1929 年 10 月，黄自又应聘同在上海的国立音乐专科学校（今上海音乐学院，下文均简称"国立音专"）和两江女子体育专科学校（由陆礼华创办，1922 年在虹口邓脱路，即现今的丹徒路赁屋开学。陆自任校长。该校办学宗旨"在于中国妇女的解放，这在当时是一个充满挑战的举动，也为中国妇女的解放做出了贡献。通过学校的体育教育，达到强健妇女体格，培养女子体育师资，为中国开展女子体育运动训练骨干"）并兼课。

1930 年 9 月 12 日，黄自辞去沪江大学教职（但仍兼弦乐团导

刘湛恩像

奏），受聘为国立音专理论作曲组（相当于此后的作曲系）专任教员，兼教务主任。从黄自回国后，直至他生命的最后一刻，他一直坚守在音乐教育工作岗位上，用自己的才干和学识感染着一代代人，为中国的音乐教育事业付出了自己的一切，真正做到了"蜡炬成灰泪始干"，为中国早期的音乐教育事业奠定了坚实的基础。

演出

1930 年 11 月 23 日，意大利指挥家兼钢琴家梅百器（Mario Paci，1878—1946）指挥工部局管弦乐队，在大光明电影院演出了《怀旧》。这是目前可见《怀旧》在国内最早演出的纪录。

当时中国的西式音乐教育刚刚起步，管弦乐人才缺乏，具有较高水平的便是上海工部局管弦乐队。俄国十月革命后，大批俄罗斯音乐家流亡上海。1919 年 9 月梅百器来华后，被工部局聘为乐队指挥直至 1942 年乐队解散。梅百器吸纳了大量优秀的乐师加入工部局乐队，他们大多出身俄国、意大利、德国的高等音乐学院，在梅百器的带领下，工部局管弦乐队成为当时的"远东第

梅百器像　　　　　　　　　大光明电影院

工部局管弦乐队

一",在上海首演了许多西方经典曲作。《怀旧》在国内由工部局管弦乐队首演,受到了业界的广泛关注,上海西文报纸《字林西报》刊载了黄自照片及该作品的简介,作提前预告。沪上主流报刊之一《申报》刊载的《西人创作之中国音乐》(1930年11月30日)一文,对该作品的上演,描述为"上星期日晚在市政厅乐队公演我国作曲家黄今吾之《怀旧曲》曾轰动海上中西乐界"。

中国近代音乐教育之父、国立音乐院(今上海音乐学院)创始人之一萧友梅,专门在演出前,于《申报》上发表《黄今吾的怀旧曲》(1930年11月18日)一文,介绍该曲演出的重要意义:

怀旧曲因为得市政厅音乐队Paci的赞赏,所以特把它编入本年11月23日晚的公开演奏序目里。中国人的乐队作品这是第一次在外国人主持的上海管弦乐队里面得到公开演奏的机会,这岂不是最值得一般爱国的邦人君子欢喜的一回事么。

并对《怀旧》高度评价:

我相信如果一国之内简直没有乐队作品的创作,那么，谁也承认这是一国的奇耻大辱 …… 不意今番竟得睹黄今吾君的怀旧曲，好了，我十余年的渴望，现在变成现实了。我因是乐于把黄今吾君这部乐队作品，介绍于一般关心音乐的邦人君子之前。……年富力强的黄君，初次的试作即得到这样可贵的成绩，将来的造就不是未可限量么？

知名学者、语言学家、音乐学家、清华国学院四大导师之一的赵元任在《黄自的音乐》（1940 年发表在《青年音乐》）一文中对黄自的《怀旧》评价颇高：

我第一次看见黄自的音乐，就是他的《怀旧》（In Memoriam）前奏曲的总谱。这是他在美国耶鲁（Yale）大学音乐系毕业论文。他同班毕业的人所作的曲子中，只有他这个被选给大乐队公演，报纸上说听众对于这个曲子从头到尾是"透透的欣赏了"。这个前奏曲，上海工部局乐队也曾演奏过，有机会听到的一定也会"透透的欣赏了"。单是要找能写出谱来使西洋人能"透透的欣赏了"的，那有的是人 —— 成千成万的西洋作曲家都会

《申报》上刊登的报道《黄今吾的怀旧曲》

作出好听的曲子。但是，把西洋音乐技术吸收成为自己的第二个天性，再用来发挥从中国背景、中国生活、中国环境里的种种情趣，并且能用得自自如如，不但自己写的自自如如，要使听者也能觉得自自如如的——这种作曲家是我们最缺少的。

曾有幸聆听过1930年版《怀旧》现场演出的作曲家、钢琴家、音乐教育家和音乐活动家，上海音乐学院原副院长丁善德教授在半世纪后回忆当年的情景，仍激动不已。这不仅仅是他个人的成功。也不仅仅是一首歌演出的成功，而是中华民族走向世界的重大一步。

虽然时光已流逝了半个多世纪，但当时的情景，至今仍在我的脑际留下了鲜明而深刻的印象。那些平日瞧不起中国人的外国乐师们，这时都专注而虔诚地演奏着，完全被这个中国人的作品折服了。当时我的心情非常激动，深深觉得自己是一个中国人而自豪。虽然当时在那广袤而贫穷的中国土地上，这乐声是微弱的，但它却显示了中国人是有才能和智慧的。中国不仅有灿烂的古代文化，还将创造出光彩夺目的新文化。

资深指挥艺术家、音乐学者，也是目前所知国内指挥并演出黄自《怀旧》次数最多的指挥家卞祖善在2013年6月20日《人民日报》上发表的文章《〈怀旧〉：留待芳菲启后弦》中，评价黄自所作交响序曲《怀旧》，是"中国交响乐创作里程碑的作品，它标志着中国作家对于交响曲的创作、奏鸣曲式的把握已经成熟了"。

《怀旧》在国内首演的好评如潮，迅速为黄自提升了知名度，是他以后人生的敲门砖，也开启了他新的人生之旅。1930年，经

《怀旧》：留待芳菲启后弦

卞祖善

2013年06月20日08:36　　来源：人民日报　　手机看新闻

《人民日报》发表的《〈怀旧〉：留待芳菲启后弦》

中国现代心理学开创者之一，中国现代儿童教育之父陈鹤琴（时任上海市公共租界工部局华人教育处处长）推荐，黄自被聘为工部局音乐委员，成为在工部局乐队委员会任职的首位中国音乐家。翌年《工部局乐队委员会会议记录》里出席的七位委员，其中之一就是黄自，其知名度和影响力可见一斑。

成婚

　　1930 年 12 月 24 日，黄自与汪颐年在上海东方饭店结婚，堂叔黄炎培作贺词。

　　汪颐年是江苏吴县人，1929 年毕业于前国立北平大学女子文理学院音乐系（抗战爆发后，国立北平大学、国立北平师范大学、国立北洋大学、北平研究院等内迁西安，组成国立西北联合大学。抗战胜利后，国立北平大学未能复校，不存），与韩权华、肖淑娴、刘育和、王同华、曹安和等是中国最早的一批音乐系女学生。汪

黄自、汪颐年结婚照

黄自夫人汪颐年像

颐年主科是钢琴，副科是小提琴。毕业后，参加了刘天华先生的"国乐改进社"，为"国乐改进社"的发起人之一。曾为我国最早用五线谱记录的戏曲乐谱 —— 刘天华的《梅兰芳歌曲谱》绘谱。

当时，齐如山等将梅兰芳的唱腔记录成工尺谱，然后由刘天华将其翻成五线谱，再由汪颐年等绘谱和校对，整理出版。

汪颐年是小提琴家，出生于上海名门望族，秀外慧中。婚后育有一子二女。后来她回忆道："每个夜晚黄自都伏案疾书，我在旁默默相助……"由于丈夫的北京话不好，经常搞不清字与字之间的音律，所以汪颐年还会给黄自不断地

《梅兰芳歌曲谱》

做示范，直到他弄明白为止。正是有夫人在背后的默默付出与帮助，黄自在自己的音乐之路上才得以纵情发展。

毫无疑问，黄自做出了一个正确的决定。他放弃了美国的发展机会，投身于祖国的音乐教育事业，为发展中国现代音乐文化所做出的巨大贡献及所产生的深远影响，不可估量。

他如一棵树，幼年时不断在生长的土地上汲取养分，呼吸到了外界新鲜的空气，变得枝繁叶茂，结下硕果累累，春华秋实，又回报祖国这片土地，撒下一片阴凉，桃李芬芳。

回国后，黄自在国立音专献出了大部分心血，他从『光杆司令』做起，用自己的才识为学校的建设作出贡献。他亦师亦友，和蔼可亲，是一位勤奋好学虚怀若谷的谦谦君子。他真正把教学当成使命，循循善诱，尽职尽责，他是谦和平易的，发自肺腑对学生的关爱，也换来了学生对他的信任。黄自是书匠，也是园丁，他『修补』着国内音乐之路，『裁剪』着茁壮成长的新一代『花苗』，他似闪烁的星，在中国的音乐『曲谱』上熠熠闪光！

溯源音专

　　黄自 1929 年归国，1938 年即英年早逝，他从事音乐教育的时间，只有短短的九年，或许是天妒英才。但即便如此，并不妨碍他在音乐创作、思维观念、题材内容、体裁形式和艺术风格上把握了中国高等专业音乐创作发展脉搏，成为"中国近现代理论作曲人才的导师"，为中国音乐文化建设做出了巨大贡献。这一切，与黄自回国后，任教时间最长的国立音专，渊源深厚。

　　前文已述，"国立音专"是国立音乐专科学校的简称，即现在的上海音乐学院，可溯源至 1927 年成立的国立音乐院 —— 中国

国立音专大门

第一所高等专业音乐学府，其首任院长蔡元培、教务主任萧友梅。

蔡元培像

蔡元培（1868—1940年），字鹤卿，又字仲申、民友、孑民。浙江绍兴人，原籍诸暨。近代教育家、革命家、政治家，民主进步人士，中华民国首任教育总长，现代教育制度的奠基人。作为"学界泰斗，人世楷模"，蔡元培强调教育对于人格养成具有的重要作用，尤其强调美育对健全人格养成的意义，1912年在《对于新教育之意见》一文中提出"涵盖军国民教育、实利主义教育、公民道德教育、世界观教育和美感教育在内的五育并举的教育主张"，指出这是培养人的超越精神所必需的教育。

萧友梅（1884—1940年），原名乃学，字思鹤，又字雪朋，广东香山人。中国首位音乐博士，中国第一代专业作曲家、音乐教育家和音

萧友梅像

乐理论家，中国高等教育的奠基人，被誉为"中国现代音乐之父"。

笔者在《国立音乐院—国立音乐专科学校（1927—1937）音乐教育制度研究》一书中，曾提及：作为蔡元培的故交、同事，萧友梅深受蔡元培教育救国理念的影响。他在北京大学与蔡元培并

肩作战，任北大中国文学系讲师及音乐研究会导师，主讲和声学等课程。1922年改组北京大学音乐研究会为音乐传习所，并担任学校管弦乐队的指挥。1923年，兼任北京国立艺术专门学校音乐系主任。萧友梅终身致力于中国音乐教育，在创建专业音乐教育机构上做出了许多具有开拓性意义的尝试，为成立中国音乐教育的高等专业学校积累了丰厚的经验。

1927年夏，北洋政府教育当局以"音乐有伤风化""浪费国家钱财"为由，下令关闭北平九所院校的音乐系科。值此之际，南京国民政府大学院即将成立，萧友梅决意南下，并向蔡元培提出了于大学院成立之时，"在上海创设一间音乐院"的要求，因为"音乐一门非独立设立不可"。

1927年10月1日，蔡元培就任南京国民政府大学院院长（相当于后来改名的教育部部长）。他积极倡导"美育教育"，高度认可艺术"超于利害生死之上"的独特价值和对于思想养成所具有的独特功能，明确要统筹全国艺术教育的高度，在大学院体制下设立"专管计划全国艺术教育及有关艺术之公共建设事宜"的大学院艺术教育委员会，设立音乐院为大学院艺术教育委员会的规划之一，委任萧友梅作为"音乐院筹备员"，负责开院筹备工作。

在蔡元培的大力支持下，萧友梅在北京大学拟筹办音乐院未果的经验基础上，制订

国立音乐院招生广告

了较为详尽的办学计划（包括办学所需的人、财、物等），于上海创办了中国历史上第一所高等专业音乐学府 —— 国立音乐院，院址设在陶尔斐斯路（今南昌路）56 号。

1927 年 10 月 26 日，学校即以"院长蔡元培、筹备员萧友梅"具名的"国立音乐院招生"广告，刊登于上海各报。

> 音乐一科居艺术重要地位，欧美各国多由国家设立学院，以施行其高等音乐教育。我国府大学院成立，因亦设立音乐院于沪上，一方输入世界音乐，一方从事整理国乐，期趋向于大同，而培植国民美与和的神志及其艺术。本学期拟先招预科一班及选科若干名。报名日期十一月一日至五日。简章备索。

国立音乐院在成立之初即登报招生，这在当时是新鲜事（国立音乐院成立之前，由于没有专门的音乐学校，音乐教育作为各校的一部分，只是作为科系设立的），即使是在敢领风气之先的上海，人们对此也报以观望态度，加之已错过常规的 9 月开学季，报名人数较少，即便是打出了"蔡元培担任院长"的广告，最终也只招收了 23 人。

虽然学生寥寥，但这并不影响"前所未有之"中国第一所高等专业音乐学府的诞生。1927 年 11 月 27 日，学院举行开院礼，宣布成立。由蔡元培兼任首任院长，萧友梅任教授兼教务主任，因蔡元培公务繁忙，后由萧友梅为代院长。学校的国乐教师朱英激动地写诗庆贺国立音乐院的成立歌：

> 开五千年未有之历史，跻亿万里世界之大同，破愚发聋，转俗移风。高歌慷慨，革命成功。壮哉声音，动震西东，幸哉中华，国体光隆。

国立音乐院的创立，如同开天辟地之惊雷，揭开了中国专业音乐教育史的新页，开辟了由高等音乐学校来培养音乐专门人才的道路，为我国音乐事业的持续发展提供了源源不断的后继人才。

1929年，教育部《大学组织法》规定"大学分文、理、法、教育、农、工、商、医各学院"。第五条规定"凡具备三学院以上者，始得称为大学"，仅传授一种专门技术的学校都应改为专科学校，并公布了《专科学校组织法》。因而，属于单科性的国立音乐院改组为国立音乐专科学校，萧友梅任校长。

1927年国立音乐院创始初期，设立了预科、专修科、本科和各项选科，1929年改为国立音专后，专修科被改为师范科，按学制分为本科师范科、选科班，附设高级中学，高中师范班和实习班等，按专业可分为理论作曲、钢琴、小提琴、声乐、国乐、大提琴等。开设的音乐共同课和文化课有视唱练耳、合唱、乐理、语音和声、音乐欣赏、语文、英语等，在教学管理上采取主科、副科、共同必修科、选修科等相结合，学分制与技术升级制相结合的方式，以及鼓励学生努力学习的奖学金制度。为了教学质量有所保障，学校针对不同科系与组别的学生分别制定了相应的学习制度。比如，本科、本科师范等学生如果主科成绩从第二学年起每学年所得学分不满15（因病除外），得令其休学或改为选科生。

国立音专十分重视师资的建设。如，被后世誉为"中国近现代钢琴教育之父"的俄籍钢琴家、指挥家、国立音专钢琴教师鲍里斯·查哈罗夫（Boris Zakharoff, 1888—1944，也有说是1887—1944），上海工部局管弦乐队首席、国立音专小提琴教师富华（Arrigo Foa, 1900—1981），史料记载在国外舞台上独奏琵琶第一人的平湖派琵琶大师、国立音专国乐教师朱英，目录学家、歌词

作家、国立音专国学教师易
韦斋，词学家，曾任暨南大
学国文系主任、国立音专国
学教师龙榆生等皆曾任国
立音专的教师，尤其重视负
责学科建设和教学事务的
教务主任。

查哈罗夫上课照

按照国立音专在创建
之初设置的三类核心会议
来看，我们可以清晰了解到
教务主任在办学过程中的核心地位。

校务会议：由院校长召集，教务主任、事务主任、训
育主任、各系教授、副教授参加，讨论本院组织、经费及
其他关于全院校重要事项。

教务会议：由教务主任召集，各系教授及副教授参
加，讨论本校教务，审查学生成绩。在本校各系未完全成
立以前，可以由教务主任邀请与讨论事项相关的讲师或
助教临时出席。

事务会议：由事务主任召集，各课科员参与，论本校
一切事情。

根据会议属性，可看出与教学相关的事务，基本都是由教务
处处理，包括学年和学期的学则与课程修改、新生招考、技术与毕
业考试、学生科组的变动，几乎都是由教务会议的主席、委员出席
商讨然后进行议决。

奉献

据说，萧友梅最初想延聘校刊主编青主（即廖尚果，音乐理论家、音乐美学家、作曲家）担任这个职务，但黄自的归国，使他改变了主意。一方面，黄自是少有的本科即获得音乐学士学位、且是作曲技术理论专业的归国留学人才，有较为全面扎实的音乐功底；另一方面，黄自回国后有感于当时国内的音乐文化（包括理论、创作、表演、教育、出版等方面）还相当落后，专业人才尤为匮乏，认为"必须有人从事我国音乐的开拓工作"，也表达要致力于把自己毕生的主要精力放在音乐教育事业方面，这个观点与同样终身致力于中国音乐教育事业的萧友梅不谋而合。志同道合的两人一拍即合，1929 年，黄自在沪江大学任教时即被国立音专

黄自（左一）与国立音专教职员在毕勋路校址

聘为兼任教员。1930 年，萧友梅则正式聘请他出任国立音专教务主任，同时为理论作曲组（相当于现在的作曲系）专任教员。

黄自任教务主任时期，有过许多至今影响深远的思考与举措。一来，他对于学科布局有着详尽的考虑。黄自在教务处下分设理论作曲组主任、钢琴组主任、小提琴组主任、大提琴组主任、声乐组主任、国乐组主任和注册事务员七个职位。除注册事务员之外，其余六组主任都跟学科专业有关，从种类上已依稀可看出我们现在所熟悉的作曲系、钢琴系、管弦系、声乐系和民乐系的雏形，由此可见，黄自已基于学校的学科建设，有了更进一步的思考与推进。二来，他提出了"添设初中实急刻不容缓"的构想。音乐对于儿童的教育功用，早在学堂乐歌时期就已通过沈心工、李叔同（音乐教育家、美术教育家、书法家、戏剧活动家，学堂乐歌代表人物之一、中国话剧的开拓者之一）、曾志忞（音乐教育家，学堂乐歌代表人物之一）等人的努力，为大众所熟知。当时音乐课在教育部颁行的《中学规程》中也被列为初中及高中各年级必修课，但每周课时只有 1 至 2 学时。很显然，这仅仅是为普及音乐教育而设定的，无法满足音乐专门人才的培养目标。而国立音专招生有明确要求"入学的学生顶少要有高小毕业相当的程度""因为学乐器的人要 20 岁以下的（年长的人学一件乐器是难学得好的）"。所以，想要培养音乐专门人才，"必须将天才儿童从小加以透彻的训练。普通初中毕业（15 岁），开始习音乐，已苦太迟。若待高中毕业（18 岁）更无论矣"。无疑，这对于此后专业院校开办少年班，创立附小和附中，是给予了前瞻性的指导。与此同时，他襄助校长萧友梅，借鉴欧美体系，结合国情实际，制定教学大纲、设置课程，一起为恢复国立音专"学院"建制、授予本科毕业生音乐学士学位所做出的积极努力，"奠定了中国专业理论作曲教学的基石"，也为学校始终坚守培养出可问鼎国际的一流专业音乐人才，打下了坚实基础。

黄自被聘为教务主任时，正是国立音专初创时期，人员奇缺，百事待兴。政府所拨经费严重短缺，常常不能按时发放，学校的财政，始终处于十分艰难的情况，常需通过教职员减发薪水、缩短授课时间、开学生家长恳请会商议拨助，或向银行抵押借款暂行弥补等维持办学。因此，校内行政人手并不充裕，黄自虽是教务主任，但教务处除他外实际只有一名注册员，即便是负责校内庶务的校工人手也十分紧张，所以校内事无巨细均须由他亲自过问，甚至还得亲自动手，校内开音乐会之前他都要事先到场并到台上参与布置，工作之繁复琐碎、费时费力，可想而知。

建设

但即便如此，学校也仍会出现难以交纳房租，因此不得不频繁迁移校址的情况。在积贫积弱的近代，国立音专度过了一段艰难的岁月。据上海音乐学院校史记载：1927 年国立音乐院成立时，租赁校舍在上海的陶尔斐斯路（今南昌路）56 号，学生住宿则需自行解决；1928 年 2 月，校址迁至霞飞路（今淮海路）1090—1092 号两处房屋；8 月，再迁至毕勋路（今汾阳路）19 号，并在辣斐德路（今复兴中路）1325 号桃园村另租赁房屋 6 所，分设男女生宿舍；1931 年 8 月，毕勋路校舍由业主收回，学校再迁至辣斐德路 1325 号；1935 年 10 月 15 日，学校在属于自己的江湾市京路（今民京路）新校舍开学；1937 年七七事变后，学校于 8 月 8、9 两日搬迁至法租界的徐家汇路 852 号；10 月，校址迁至法租界马斯南路（今思南路）58 号。日寇占据上海时期，因为办学所需、安全问题，学校更是数次搬迁。

直到 1935 年，国立音专才终于在江湾市京路 456 号（今上海市杨浦区民京路 918 号）获批建筑了新校舍。当时，上海的公共租界与法租界控制了黄浦江与苏州河畔大片土地，中国政府管辖的地区主要集中在闸北与南市。1929 年 7 月上海特别市政府第 123 次会议通过《大上海计划》，划定今江湾五角场东北地带作为新上海市中心区域，国立音专校舍就是其中之一，由知名建筑师罗邦杰设计。

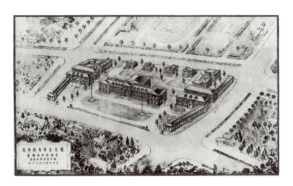
国立音专江湾校舍计划鸟瞰图

　　自办学以来一直漂泊无定、四处租房的国立音专，终于有了属于自己的一块落脚点，可以稳定下来，对于所有的音专师生来说，这实在是最令人激动的消息。因此，学校特意在黄自所负责的《音乐周刊》上，刊登了《国立音专新校舍将落成》一文。

　　　　在市中心区，市政府大厦后面，民庆路转个弯，市京路底，有一所粉红色墙，黑色屋顶的大厦，占地十余亩……"只此一家，并无分支"的新乐府，虽比不上红梁碧瓦那样华严壮观，但它有它一副纯朴庄严而适乎实用的容态……

　　音乐史学家、上海音乐学院音乐学系陈聆群教授（笔者注：也是本人的硕士研究生导师）曾提及：校舍主体楼的大门西侧是两排琴房，琴房中间是一大片绿草如茵的广场。从广场进入主楼，大礼堂、合奏厅、图书馆、课室、办公室和宿舍等。当时一般人都称那一地区为"市中心"，但实际上那当时还很荒凉，主要的邻居就是周围的一些农户。不过"在这个不景气，极紧缩的经济情形之下，能有这么一间实而不华的音校，以供一百余莘莘学子，弦歌不辍地研求"，也可算是黄自在任职期内一件倍感安慰的事。

良师

为着心中的音乐教育梦想，黄自在担任着繁重教务工作之外，还一度是当时学校理论作曲组唯一的专任教员。当时，国立音专理论作曲组的必修专业课多达14门，戴鹏海教授笑称黄自作为"当家花旦"，一人就独挑了其中的和声学、高级和声、和声解剖和曲体解剖（即曲式分析）、键盘和声、单对位法、复对位法、赋格作曲法、曲体学、配器法及实习、严格作曲及自由作曲等11门的讲义编写、课堂教学和作业批改，教授的学生涵盖了理论作曲组的预科、本科（含初级、中级、高级3组）、高中科（含高中班）、师范科（含高中和本科师范科）、选科（含特别选科），是当时第一个在国内系统、完整地传授欧洲近代作曲技术理论的音乐教育家。此外黄自还兼授作为全校共同课的西洋音乐史（即西方音乐史）和音乐领略法（即音乐欣赏），绝对是一人多职、肩负重任。可即便如此忙碌，黄自还是会花很多时间来备课。当时他所担任的和声学、音乐史、领略法等好几门课程，尽管都很熟悉，年年都在教，但他仍像教新的课程一样认真准备，常工作到深夜。

他远不是一个夸夸其谈锋芒毕露的人物，而是一位勤奋好学虚怀若谷的谦谦君子。他具有广博的文化修养与成熟的专业创作技巧，无论对任何工作他都是严肃认真。尽管他对专业知识修养很深，但每次上课事前都作了充分的准备，总是以简练的语言表达全面而透彻的内容。他对

学生的功课安排得很紧凑,从不浪费时间;

……

每次上音乐欣赏课之前,他总是把要讲的唱片反复地听好几遍,也常常为了要编一两个小时所用的讲稿,而花上十几小时来查参考书。在黄自看来,教师仅仅自己懂了没有用,只有充分准备以后,上课时才能吸引学生的注意,让他们真正吸收进去。

……我(笔者注:钱仁康)确实从他那里学到许多真正有用的东西。

所以,黄自常对学生说:"你们努力,我比你们更努力。"在他看来:"学生不懂就是先生不好。每一个难于理解的问题,一定要多方解答至于(学生)大悟而后止。"

在教学中,黄自秉承教学相长的态度,既尊重学生原有的创作思维,也进一步循循善诱,用"这也许不是最好的方法"或"你这样固然也可以,但我喜欢那样"之类较委婉温和的口吻与学生一同协商,而不是简单粗暴地规定一个标准答案,强迫所有学生必须按照自己的理解一步不错地执行。许多学生都反映:"黄先生讲书非常有趣,他不念讲义,总是设法引起学生的趣味。真可以说是循循善诱,诲人不倦了。"后来成为作曲家、钢琴家、音乐教育家的丁善德也曾提及,虽然当时他是钢琴专业的主科,但只要是黄自上的课,他都会选修,他也深深得益于黄自的这种启发式教学并应用于此后的教学生涯中。

这种繁重的教学工作,他一直坚持了五年之久,直到1935年10月,吴伯超(作曲家、音乐教育家、指挥家。1927年受聘为国立音乐院助教。1931年6月赴比利时留学,1933年入布鲁塞尔皇家音乐院深造，主修作曲，兼修乐队指挥。1935年10月回国，在国立音专任教，与黄自创办了"上海管弦乐团"并任指挥）、萧淑娴（音乐家、教授。1928年她在国立音乐学院教授钢琴，同时从师梅百器和俄籍钢琴家查哈罗夫进修深造，两年后获赴欧学习机会，1930年入比利时布鲁

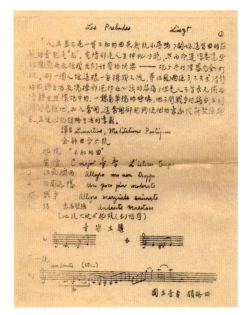

国立音专《领略法》课件

塞尔皇家音乐学院学钢琴及理论、作曲等，获多门课程奖。1935年秋以优异成绩毕业后返国立音专任教）等留学归国回校任教后，黄自的教学负担才有所缓解。

虽然学问如此，但黄自的态度依然谦逊。他是中国第一位在国外获得作曲学位的音乐家，也是第一个创作的交响乐作品在国外获得首演的中国作曲家，还是那时工部局音乐委员会里的唯一中国委员，但他却从不作自我的宣传，从不将自己这样或那样的成就，这样或那样的头衔挂在嘴上。"即便平时有事要给学生写留言条，他也不会以师长自居，而以兄弟相称，尊对方为'兄'，而以'弟'落款。"他把自己的学生们当做兄弟，丝毫没有摆高高在上的架子，对学生们来说亦师亦友。

黄自对学生的感情是真诚的，他往往能够站在学生的角度，

帮助学生解决问题。学校当时规定，钢琴组毕业要拿到 60 个学分（即初级、中级、高级各 20 个学分），同时规定，学生每年要拿到 25 个学分，才能取得甲等奖学金资格。丁善德 1928 年考入国立音乐院时，初学琵琶，一年后转习钢琴，至 1934 年春季开学前，其主科已达到 56 个学分，离毕业的要求仅有 4 分之差，但上学期因其他课程均已学完，也无法再拿到学分，按学校有关章程规定，丁善德当年将无缘奖学金。但黄自从更多鼓励优秀学生的角度考虑出发，认为丁善德本学年未拿到 25 个学分，责任并不在他本人，其优秀程度达到获奖学金的标准，应该被予以表彰，他善良的心灵如同一泓清澈的泉水，洗净丁善德身上的烦恼。经黄自向教务会议提出并进行讨论后，1934 年 9 月 7 日由萧友梅签署了国立音专第 147 号布告，并予张贴。布告提到"本科生丁善德成绩优良，连得甲奖五年，经教务会议决议，1934 年度仍给予甲奖，以示鼓励"。这一破格奖励的做法，在国立音专办学史上还是第一次，这也充分地体现出了黄自先生对学生们的关注与照顾。

同时，鉴于学校里来自其他省份学生过少的情况，黄自便建议萧友梅校长招收川、贵、云、桂等省定额保送学生，渐渐改进国立音专学生省籍比例，以夯实国立音专作为全国音乐

国立音专第 147 号布告

教育的大本营的作用。这一政策使得抗战爆发后，用音乐的方式来鼓励抗战军民敌忾能够起到极大极深的效果。

　　黄自也很照顾来自内地贫困家庭的学生感受。他是贫困学生的指引者，帮助他们改变人生的命运。他虽出生于上海，而且还是美国留学归来的教授，但他在国立音专的七八年间，始终坚持以大家都能听懂的普通话交流，除音乐的专业名词外，也绝不使用英文，为的就是让每一位学生都能够公平享受到教育的机会，在这一点上也体现出了他对学生们的照拂。当时上海的物价不便宜，黄自经常用自己的薪资替经济上特别困难的学生缴费。一次，一个学生无法缴纳学费，正在为了可能要辍学而苦闷的时候，却意外地收到了一封信，里面放的是一张黄自代付学费的收据。这张收据犹如冬日暖阳，在贫困的学子窘迫时给予他力量，帮助他走出了困境。

　　因黄自谦和平易的待人之道，使他赢得了所有同学的尊敬和爱戴，学生们都十分乐于跟他亲近，每个礼拜天都有学生到黄自家里去拜访。有时个别地来，有时三五成群地来。一般学生们都是晚间来的，有时也有白天到黄自家的，他都会留学生在家里吃饭，还时常特地准备些菜，请那些家在外地的学生来家吃饭，然后大家有说有笑地边吃边谈学习方面及音乐方面的问题，有时也玩桥牌或其它游戏。就像一位20岁左右的青年一样活泼，像学生们的同学一般亲切，他的人格魅力深深地感染着身边的人们。因此学生们私下还送他一个"Legato"（音乐术语，指音乐旋律要演奏或演唱得连奏、连贯）的昵称。

　　黄自对学生发自肺腑的关爱，也换来了学生对他的十分信任。音乐学家、音乐翻译家廖辅叔在《千古文章未尽才 —— 我所认识的黄自》一文中提到：

> 革命音乐家张曙被捕之后，家里需要用钱，最后连他的大提琴都要卖掉了。哪里去找买主呢？他的夫人想来想去，还是去找黄先生帮忙，由黄先生找到肯出合适价钱的买主。

学生们尊敬黄自，是因为他真心实意的为学生考虑；但也很怕他，这是因为他对学生要求极为严格。学生在学习上有不够的地方，他总要指出来，耐心细致地教导，态度如前所述是一贯和蔼的。他对学生认真负责，他的循循善诱，牵动着学生们的心弦，牵引着一颗梦幻好奇的心步入音乐的殿堂。有学生这样回忆黄自的教导：

> 我们都很怕黄先生，每次他给我批改和声习题的时候，如果我做得好，他就一面在钢琴上弹，还一面微笑地点着头。如果我做得不好，他仍是微笑着，但不是点头，而是慢慢地摇着头。

书匠·园丁

黄自的藏书十分丰富，音乐书籍可以说是当时国内个人藏书中最丰富的。"家资是何物，积帙列梁履"，因此，当时黄自的家，就是国立音专学生最好的学习场所。据说，除了作曲系的学生之外，其他系的学生也都常去黄自家看书或借乐谱。他的书房就像个小图书馆，书柜是自行设计定做的，适合放乐谱。另有一个小的卡片柜，放两类索引卡片，数量很多。一类是作者名字的索引卡，每张卡片的第一行写上作曲者姓名，第二行写作品名，第三行则写该曲谱于书柜所放的具体位置。卡片按作曲者姓名的首字母排序，由A到Z整齐竖放，这样很容易从作曲者的姓名找到所需乐谱。比如要找贝多芬奏鸣曲，就通过字母B找到贝多芬，再看奏鸣曲，根据编号拿取；另一类卡片则是曲名索引卡片，每张卡片的第一行写作品名，第二行写作曲者名字，第三行则是该曲谱在书柜的放置位置，也是按作品名的首字母由A到Z竖放。比如，在字母S里面，先找到"Sonata"，再找到贝多芬。所以同事或学生来借用乐谱时，先查找卡片，然后就很容易找到所需的乐谱。这种井然有序的布置基于黄自性格的严谨，他喜欢把自己的工作环境布置得干干净净，整整齐齐。就像他自己说的："我不像别人那样，一有空就出去看电影看戏。休息的时候，我喜欢整理整理工作环境，有了好的工作环境，工作起来也顺利些。"所以闲暇时他会把所买的书谱都重新装订，不同体裁的作品分装不同颜色的硬板封面。

比如，与声乐相关的书谱都装订为黑色的封面，书脊与封面边角则配红色；凡是钢琴类，则封面都是红色，边角配黑色；弦乐类是配黄色封面和褐色的边角；清唱剧等大型声乐作品类，则配蓝色封面和深蓝色边角……这样，他一看颜色就知道这是哪一类作品，所以很容易在书架上找到。装订好的书目通常还会印有两个图章，一个是"黄自珍藏"的中文图章，另一个是黄自的英文签字章。大部分书谱的封底都有国立音乐院的借书卡（抗战胜利后，青木关国立音乐院搬到南京，因缺乏教学所用书谱，时任院长吴伯超专程到上海，向黄自夫人商借黄自的书谱，充实该院的图书馆，借去后即贴上了国立音乐院的借书卡，以供师生借阅。到 1949 年初将所借的书谱寄还黄家时，已缺失了不少）。黄德音回忆说：

父亲有两个很喜爱的图章，每本书或乐谱的扉页的右上角都盖上蓝色的英文签名章，另在中间空白处盖一个红色的"黄自珍藏"的中文章。如果书谱较厚则会在第 101 页的右上角也盖上英文签名章。2004 年黄自百岁诞辰时，上海音乐学院曾采访了一些人，也采访过汪启璋，当时汪启璋讲了黄自对书谱的爱惜情况：他买了乐谱后会在其外面重新装上硬的封面，而且封面的颜色各异，钢琴谱都是红色黑角，小提琴谱是黄色褐色角，声乐谱是黑色红角，合唱

蔡继琨夫人捐赠给上海音乐学院的黄自用书

黄自与家人合影
（自左至右：汪颐年、黄自、黄德音、黄洪培、黄组方）

和清唱剧的是蓝色和深蓝角的……所以一看书面颜色就知道是那类乐谱了。

黄自生前订阅的两份国外的专业期刊，一是美国出的《练习曲》（Etude），因学生常来借阅，故他每年都将当年的订成合订本，很遗憾的是现在都找不到了；另一是英国出的《英国音乐家》（British Musician），从创刊号起，有六年的合订本（已赠送给上海音乐学院）。当时黄自非常珍惜的一套新格罗夫字典，在20世纪30年代的时候仅出了4册，他就一直使用，后来这套新格罗夫字典由音乐教育家、作曲家、指挥家蔡继琨（1940年创办了福建省立音乐专科学校，并任首任校长。1942年11月该校改为国立福建音乐专科学校。1950年并入上海音乐学院）保存，蔡继琨去世后也捐给了上海音乐学院。

工作之余，黄自的消遣和爱好，是打理自家的花园和做一些

在江湾邮亭里住处休息时的黄自

体育锻炼。黄自住在江湾市京路的时候，住所前有一小花园。晚饭前后黄自就是这个小花园的"园丁"，整个花园都有草地，他就在四周亲手种上了他所喜爱的月季花，还经常带着孩子去浇浇水，捉捉虫。在花园中间栽了一株石榴树，还饲养着一些家禽，鸡鸭鹅都有。他还喜欢打羽毛球，也经常打羽毛球，当时学校离家有一段距离，他就买了一辆自行车，每天骑车来回。有一段时期，每天清晨起床，黄自就会骑车载着夫人汪颐年一起到附近兜一圈，呼吸些新鲜空气，作为锻炼。

黄自一生从事音乐教育，为中国音乐教育的发展殚精竭虑、鞠躬尽瘁，是中国近代音乐史上杰出的音乐教育家、中国音乐作曲学科的奠基人，在艰难的条件下，他与萧友梅等一起，努力将"国立音专"办成了当时最辉煌的高等音乐学府，在他的努力之下，中国的音乐就此起步，取得了重大的突破。为中国音乐教育的发展和人才的培养做出了巨大的贡献，为中国专业音乐教育事业的建设和发展做出了突出贡献。

黄自不仅仅是一位音乐家、教育家，更是一位有抱负有思想的『活生生的人』。他不孤傲，不自负，致力于将音乐推向千家万户，用音乐启发明智。黄自的音乐教育观是全方位的，无论是创办乐社，举行演出，到撰写书籍，启发明智，还是创立乐团，再到展望国内音乐前路，他的思维都是活跃而灵动的，他一步步走向社会，走向群众。

乐社·演出

黄自的音乐教育观是全方位的。因为家庭环境的影响，黄自在上海的童年时期就打下了良好的国学基础。而清华八年的影响和赴美留学的经历，不仅坚定了他爱国的理想和信念，也拓宽了他的多元文化视野。留学归来后，黄自不仅始终在国立音专和其他高等院校中教授音乐，同时还积极参加各种社会音乐团体，重视音乐的普及工作。可以说，专业音乐教育和社会音乐教育并重，是黄自音乐活动的一大特色。

1932 年 3 月，黄自与萧友梅等共同发起组织"音乐艺文社"，正、副社长分别由蔡元培、叶遹庵担任，干事为萧友梅、黄自、沈仲俊、韦瀚章、龙沐勋、戴粹伦、丁善德、陈又新、刘雪盦（即刘雪庵）、劳景贤、满福民、胡静翔。这是继乐艺社（由国立音专教师萧友梅、周淑安、黄自、易韦斋、朱英、吴伯超于 1929 年 11 月发起成立的一个音乐文艺社团）之后，国立音专师生共同发起的又一音乐活动组织，见证了黄自与国立音专的师生们为继续推动音乐理论研究和艺术实践而坚持的努力。

音乐艺文社下设总务部、出版部和演奏部三个分部，每一个分部下面又设若干股。总务部有文书、庶务、交际和宣传四股；出版部有编辑、校正和发行三股；演奏部有管弦乐、声乐、键盘乐三股，每部又订有细则，而且根据形势的发展还将开设书店和琴行。

音乐艺文社的内涵较此前乐艺社更为丰富，不仅关注音乐，

音乐艺文社干事会摄影

还兼顾艺文。尽管嗣后取得的成绩与设立之初的目标差距甚大，其成就仍可圈可点。如，"1933 年 3 月 30 日，为唤起民情、鼓吹抗敌，音乐艺文社推黄自为主席，一行 40 余人利用春假特地赴杭，于 31 日下午及 4 月 2 日晚上分别在西湖大礼堂及省立民众教育实验学校大礼堂举行的两场'鼓舞敌忾后援音乐会'，受到了广泛好评"。

这次演出，事前曾与杭州市府及民校校方商洽合办：演奏节目由音乐艺文社担任，往来费用由门票收入项下开支，盈余扫数捐助后援会，不足则由杭州市府、民校及音乐艺文社平均摊派。但是到杭州以后，市府及民校临时变卦、不肯承担经济责任，第二次演奏地点又别生问题。最后，音乐艺文社本着"宣传文化，鼓舞敌忾"的宗旨，毅然自行承办。

音乐艺文社赴杭举行鼓舞敌忾后援音乐会的报纸评论

4月13日，上海中华日报在"本埠教育体育版"上以《音乐艺文社春假在杭举行音乐会盛况》为题，就这两场"藉以唤起民情、鼓吹抗敌人"的演出发表了专题报道，详细介绍了两场音乐会的演出盛况。

第一场音乐会于3月31日下午5点半在西湖大礼堂举行。音乐会的演出节目有戴粹伦指挥的《弦乐合奏二曲》，朱英演奏的琵琶大曲《淮阴平楚》，应尚能的独唱曲《吊吴淞》（为纪念一·二八的作品），戴粹伦、胡静祥、张贞黻、李献敏演出的四部合奏，丁善德、李献敏的钢琴弹奏，戴粹伦的小提琴演奏，喻宜萱、劳景贤、华文宪等人表演的独唱。演唱曲目中包括黄自创作的艺术歌曲《思想》和抗战歌曲《抗日歌》《旗正飘飘》。其中《思乡》被称赞为"流水落花，杜鹃声里，都描写得出神入化，天涯流荡者闻之，亦当动归思矣"；而"压场合唱二曲"的《抗日歌》（即《抗敌歌》）和《旗正飘飘》，则被称赞是"悲壮激昂，闻者奋起，鼓舞敌忾，可谓名符其实矣"。

102

　　第二场音乐会是 4 月 2 日晚上 7 点 30 分，于浙江省立民众教育实验学校举行。这次演出节目中的合奏合唱作品，与第一次大致相同，但增加了陈又新、张贞黻、江定仙三人的三部合奏，陆修棠的二胡演奏，易开基、江定仙的钢琴演奏等节目。

报道文章《音乐艺文社春假在杭举行音会盛况》中写道"此种节目，实为杭州市所创见，故第一次听众越千，而第二次因会场太小，立于门外者近二百人，可见该校演奏员之叫座力也"。且在这两场音乐会上，黄自还亲自担任"报幕员"，"每曲均由黄自加以说明，使听众明了各曲之作者及其结构"，这种音乐导赏之举，对音乐的普及而言，无疑是十分有益的，大家也都十分期待此后国立音专但凡举办音乐会，都能加上相关介绍，"使一般听众，得以心领神会也"。

在上海国立音乐专科学校第一届毕业式上的讲话·

（一九三三年六月二十三日）

（前略）

　　次由教务主任黄今吾① 先生演说。大意谓前此之音乐大家于成名之后，仍旧不断的研究。譬如 Bach 与 Brahms 两位于其成名之后，每早仍旧作四部合唱的练习曲，Paderewsky 每于旅行之际，在火车上常携带哑键盘② 练习，又如小提琴家 Kreisler 每日必练习音阶多次。有某君在旅馆间邻房之客，每日用小提琴练习音阶，其音甚小，许久不休息。问之居停③，则 Kreisler 也。某君惊讶不已，叩门访之，并问其何以小提琴大家，仍练此初级技术？Kreisler 答曰："我之所以能有些造就，全在乎此。"某君乃大悟。即此一端，可见音乐一道，非有恒心练习，不能成功。吾国俗语说："唱不离口，拳不离手"，就是这道理。盼望诸位毕业同学以后仍旧不断的练习和研究。

黄自《在国立音乐专科学校第一届毕业式上的讲话》

除此之外，黄自还是中华口琴会（蔡元培为名誉会长、王庆勋为会长，以研究口琴音乐、提倡高尚艺术为宗旨）的顾问，"多次出席该会的公益性演出活动（如 1934 年 11 月该会举办的'五周纪念赈灾音乐大会'等），并多次担任该会参与举办的'全沪公开口琴锦标赛'评委"。

1933 年 6 月 23 日，在国立音专第一届毕业式上，黄自对毕业生发表讲话，以巴赫（Bach）、勃拉姆斯（Brahms）、帕德雷夫斯基（Paderewsky）、克莱斯勒（Kreisler）等世界音乐大家举例，告诫学生"音乐一道，非有恒心练习，不能成功"。毕业以后，仍然需要不断研究、不断练习，要做到我们常说的"唱不离口，拳不离手"，才能技术上精益求精。

撰书·启智

　　同月前后，受商务印书馆委托，黄自与张玉珍、应尚能、韦瀚章等，依照1932年12月教育部颁布的《初级中学音乐课程标准》，合作编著《复兴初级中学音乐教科书》。在该教科书的《编辑大意》里，我们看到相关介绍：这套教材供初中三学年使用，分为"普通乐理""音乐欣赏""基本练习曲"和"歌曲"四部分，黄自负责该书的设计和编订，担任书中"音乐欣赏"部分的文字撰写工作，并组织学生刘雪盦（即刘雪庵）、陈田鹤和江定仙参与书中所需要歌曲教材的创作。张玉珍负责乐理部分，应尚能负责基本练习曲，韦瀚章负责编撰歌词。因为"采用的歌曲大半是特为本书写的，所以适合学生程度"，而且"作曲者在可能范围内力求音乐与诗的意义、音节完全吻合。这一点很值得注意，因为大多数的音乐脚本都很忽略这事"。1935年10月，全书完成，共六册，由商务印书馆出版。黄自在这套教科书中第二册第九讲《近世音乐之趋势》一文中，写明了自己编写

《复兴初级中学教科书·音乐》封面

这套教科书的目的。他认为：

> 辛亥以来，政体改变，因外侮之频凌，谋内政之革新，曾仿效东西先进国之教育设施，中小学必加音乐课程，惜内忧外扰，政局不宁，当事者虽有相当认识，却无整个计划，致 20 余年来，音乐教育，竟无些微成绩，反让牟利之徒，借此机会，介绍许多中西的淫猥辞曲，薰染全社会成有歌皆浪，无声不淫的趋势。假如不即早把这种恶劣趣味习尚，消极的予以制止，积极的提倡高尚雄伟的音乐来代替，则将来民族的额废堕落，真不知会到什么地步！

对当时社会音乐教育的情况，黄自感到非常忧虑，在他的《改良社会风化案》（1928 年 5 月）一文中曾有明确表述：

> 今日社会，随时随地，皆有魔鬼，隐袭三育（即德育、智育、体育）之后，使吾民日即于放僻邪侈，而不自觉。一二自命为时髦人物，又复从而推波助澜，簧鼓其说，务令社会风化，民众教育，由一线光明，而入于黑漆万丈之渊。

黄自编写这套教科书的目的，就是希望能够通过优秀的教科书，让学生们接触和学习"高尚雄伟的音乐"，以此来抵制社会上的"淫猥辞曲"，从而达到民众思想水平的提升。"这个世界上有两样东西是别人永远抢不走的，一是藏在心中的梦想，二是读进大脑里的书。"这个理念在下文将论述到的黄自配合国立音专应上海市教育局之请，组织"教育音乐播音委员会"开办的电台播音，"以向社会大众传递高尚优美的音乐"为宗旨的音乐专版里，均有明确体现。

《复兴初级中学音乐教科书》第一至六册中黄自的音乐创作、教案编写情况

		《复兴初级中学音乐教科书》第一册初版（1933 年 9 月）		
歌曲作品	序号	名称	词作者	曲作者
	1	《九一八》	韦瀚章	黄自
	2	《花非花》	〔唐〕白居易	黄自
	3	《雨后西湖》	韦瀚章	黄自
	4	《峨嵋山月歌》	〔唐〕李白	黄自
	5	《新中国的主人》	刘雪庵	黄自
音乐欣赏教案	序号	课程名称	课程数	课程作者
	1	《欣赏的目的》	第 2 课	黄自
	2	《音乐的内容与外形》	第 4 课	黄自
	3	《音乐与其他艺术之比较》	第 6 课	黄自
	4	《怎样培养欣赏力》	第 8 课	黄自
	5	《欣赏之三方面》	第 10 课	黄自
	6	《知觉的欣赏》	第 12 课	黄自
	7	《情感的欣赏》	第 14 课	黄自
	8	《理智的欣赏》	第 16 课	黄自
	9	《音乐的分类》	第 18 课	黄自
	10	《声乐》	第 20 课	黄自
	11	《独唱歌曲》	第 22 课	黄自
	12	《合唱》	第 24 课	黄自
	13	《乐器》	第 26 课	黄自
	14	《中国乐器》	第 28 课	黄自
	15	《器乐独奏》（钢琴、风琴）	第 30 课	黄自
	16	《器乐独奏》（小提琴与大提琴）	第 32 课	黄自
	17	《器乐合奏》（室内乐）	第 34 课	黄自
	18	《器乐合奏》（乐队）	第 36 课	黄自
		《复兴初级中学音乐教科书》第二册初版（1935 年 6 月）		
歌曲作品	序号	名称	词作者	曲作者
	1	《睡狮》	韦瀚章	黄自
	2	《燕语》	韦瀚章	黄自
	3	《农歌》	韦瀚章	黄自
	4	《四时渔家乐》	韦瀚章	黄自
	5	《游戏》	刘雪庵	黄自
	6	《卜算子》	〔宋〕苏轼	黄自
	7	《南乡子》	〔宋〕辛弃疾	黄自

（续表）

		《复兴初级中学音乐教科书》第二册初版（1935年6月）			
	序号	课程名称	课程数	课程作者
音乐欣赏教案	1	《中国音乐之起源》	第2课	黄自
	2	《虞舜、夏、商、周时之音乐》	第4课	黄自
	3	《周朝音乐发达概况》	第6课	黄自
	4	《汉代音乐之变化》	第8课	黄自
	5	《六朝时音乐之没落与转变》	第10课	黄自
	6	《唐代音乐之盛况》	第12课	黄自
	7	《宋元时代之剧乐》	第14课	黄自
	8	《明清两朝音乐之概况》	第16课	黄自
	9	《近世音乐之趋向》	第18课	黄自
	10	《西洋音乐史分期法》	第20课	黄自
	11	《古代音乐（一）埃及、亚西利亚、希伯来》	第22课	黄自
	12	《古代音乐（二）希腊、罗马》	第24课	黄自
	13	《中古音乐（一）》	第26课	黄自
	14	《中古音乐（二）》	第28课	黄自
	15	《中古音乐（三）》	第30课	黄自
	16	《中古音乐》（四）	第32课	黄自
	17	《近代音乐》	第34课	黄自
	18	《歌剧》	第36课	黄自

		《复兴初级中学音乐教科书》第三册初版（1935年6月）			
	序号	名称	词作者	曲作者
歌曲作品	1	《踏雪寻梅》	刘雪庵	黄自
	2	二部合唱《秋郊乐》	韦瀚章	黄自
	3	二部合唱《本事》	卢冀野	黄自
	序号	课程名称	课程数	课程作者
音乐欣赏教案	1	《古典派与浪漫派的意义》	第2课	黄自
	2	《古典派音乐的特性》	第4课	黄自
	3	古典派的代表作家与作品（上）	第6课	黄自
	4	古典派的代表作家与作品（下）	第8课	黄自
	5	浪漫派的来源及其特性	第10课	黄自
	6	浪漫派的代表作家与作品	第12课	黄自
	7	标题音乐	第14课	黄自
	8	标题音乐与纯正音乐之比较	第16课	黄自
	9	标题音乐的代表作家与作品	第18课	黄自

（续表）

《复兴初级中学音乐教科书》第四册初版（1935年9月）				
歌曲作品	序号	名称	词作者	曲作者
	1	《欢迎运动员凯旋》	刘雪庵	黄自
	2	二部合唱《采莲》	韦瀚章	黄自
	3	三部合唱《送毕业同学》	刘雪庵	黄自
音乐欣赏教案	序号	课程名称	课程数	课程作者
	1	格鲁克《行板》	第2课	黄自
	2	海顿《皇家四重奏》	第4课	黄自
	3	莫扎特《小步舞》	第6课	黄自
	4	舒伯特《云雀歌》（即《听！听！云雀》）	第8课	黄自
	5	舒曼《幻梦》（即《梦幻曲》）	第10课	黄自
	6	勃拉姆斯《摇篮曲》	第12课	黄自
	7	肖邦《旋转舞》	第14课	黄自
	8	瓦格纳《婚礼进行曲》	第16课	黄自
	9	贝多芬《月光曲》	第18课	黄自
《复兴初级中学音乐教科书》第五册初版（1934年4月）				
歌曲作品	序号	名称	词作者	曲作者
	1	三部合唱《秋色近》	韦瀚章	黄自
	2	二部合唱《卡农歌》	黄自	黄自
	3	二重赋格曲《淮南民歌》	古谣	黄自
音乐欣赏教案	序号	课程名称	课程数	课程作者
	1	《主调音乐》	第2课	黄自
	2	《主调音乐的特性》	第4课	黄自
	3	《主调音乐的形式及代表作》	第6课	黄自
	4	《复调音乐》	第8课	黄自
	5	《复调音乐的特性》	第10课	黄自
	6	《复调音乐的形式》（对位、和应）（即呼应、答题）	第12课	黄自
	7	《复调音乐的形式》（卡农）	第14课	黄自
	8	《复调音乐的形式》（赋格上）	第16课	黄自
	9	《复调音乐的形式》（赋格下）	第18课	黄自
《复兴初级中学音乐教科书》第六册初版（1935年10月）				
歌曲作品	序号	名称	词作者	曲作者
	1	《点绛唇》	〔宋〕王灼	黄自
	2	三部合唱《摇篮曲》	刘雪庵	黄自
	3	《蝴蝶》	刘雪庵	黄自

（续表）

	序号	课程名称	课程数	课程作者
		《复兴初级中学音乐教科书》第六册初版（1935年10月）		
音乐欣赏教案	1	巴赫 Gavotte（《加沃特舞曲》）	第2课	黄自
	2	韩德尔 Hallelujah（《哈利路亚》）合唱曲	第4课	黄自
	3	却可夫斯基（即柴可夫斯基）Andante Cantabile（《如歌的行板》）	第6课	黄自
	4	维纳因《威尼斯的恋歌》	第8课	黄自
	5	韦伯《魔弹枪手》（上）	第10课	黄自
	6	韦伯《魔弹枪手》（下）	第12课	黄自
	7	《音乐与人生》（上）	第14课	黄自
	8	《音乐与人生》（中）	第16课	黄自
	9	《音乐与人生》（下）	第18课	黄自

从这套《复兴初级中学音乐教科书》结构和内容的安排上，可以看出黄自宏观而详细的规划：他编写了《拟初中音乐教科书纲要》，教材按逻辑方法编排，平行的知识纵线并不是完全独立的，而是相互交叉、融合，有着自己的一条基本发展脉络。

黄自撰写的72篇音乐欣赏教案，涵盖音乐演出形式、中西音乐史、时期风格特征、代表性音乐家和作品，以及作曲技术理论等涉及乐理、欣赏、基本联系的全方面音乐学习内容，注意知识的内在逻辑顺序，从侧面折射出在教材编写之前，他对当时中国音乐教育的现状、政策和课程标准做了大量功课，有着深刻的了解。博观而约取，厚积才能薄发。例如，在音乐史的介绍上，黄自既介绍了体系相对成熟的西方音乐史，也结合国情对中国古代音乐史和近代音乐的发展脉络进行了相应完整的呈现。又如，"在音乐赏析上，黄自所选择的多为西方古典派、浪漫派音乐，如海顿的《皇家四重奏》、莫扎特的《小步舞》、贝多芬的《月光》、舒伯特的《云雀歌》、舒曼的《幻梦》等经典名作"。黄自没有收入表现派、印象派等现代音乐，因为他认为："教育步骤上有不得不然者。盖各新派和声皆由旧派和声演进而成，非突如其来之新产物也，故欲知新，必先知旧。苟于模范派（或古典派与浪漫派）之和声尚不能了解，而妄欲模拟印象或表现派，此岂非缘本求鱼哉？"

歌曲的编排则根据学生的知识、经验、能力、兴趣和需要，从歌词和乐谱的难易程度、不同年龄段学生的认知水平等方面进行编排，力求适合学生的接受程度。整套教材收录的歌曲作品近70首，黄自专门邀请了以国立音专师生为主体的中国作曲家，针对学生的学习特点，为教材而创作编写现代诗歌歌词，其中教师韦瀚章、学生刘雪庵创作的歌词数稳居榜首；黄自同时选取了古代诗人白居易、李白、苏轼、辛弃疾、王灼等唐宋大家的古诗词为来源创作古体诗词艺术歌曲，共创作了《花非花》《燕语》《踏雪寻梅》《雨后西湖》《本事》《卜算子·黄州定慧院寓居作》《南乡子·登京口北固亭有怀》《点绛唇·赋登楼》等28首极具影响力的学生歌曲，作品数超过整套教材的三分之一。这些不同题材、体裁、风格特征的声乐作品，以独唱、合唱、重唱的形式呈现出的不同音响，充分显示了作曲家对这些诗词涵义的深刻理解，也突破了早期学堂乐歌基本采用现有日本或欧美曲调来填词的发展阶段，开启了专业音乐创作的新阶段。

黄自不仅从大处着眼，为教材编撰大纲，而且对教材编撰的具体细节也一丝不苟，比如，他非常重视教材的注释，他曾说：

各歌表情语，照世界各国习惯，沿用意文名词，但加详细注解。使学生谙熟术语，以便将来易于领会世界名作……本书中每一次引用术语，概""标记之，使学者注意……本书将重要名词及术语，都加以详细注释，附于

第六章 乐教

课末，一方备学者自由参考，一方省教者翻检之劳。

书中所有提及的名词、术语，都根据不同国家的风俗习惯进行了详细的注释，这无疑为当时刚刚起步的音乐教材编订，做了一套较成熟的范本。

"音乐教育是人文学科的重要组成部分，而音乐教学则需要通过教科书来体现的，因此音乐教科书也应该具有思想性和艺术性。优秀的音乐作品是时代的象征，具有陶冶学生情操、激励学生奋进的力量。"黄自在编写复兴初中音乐教材时，就这一点，他在教科书所选取的许多作品，都注重激发学生的爱国情怀和进取精神。如《九一八》《睡狮》等，是号召民众团结抗敌、鼓舞斗志的优秀作品；第二册中的《喜春来》，唱出"今朝齐努力，勤将学问造，莫等到老无成，发愤悔不早"，就歌颂了美好的生活，教育学生要努力学习。

此外，书末还绘有精美的乐器和音乐家的图片，以提高学生的兴趣。因此，《复兴初中音乐教科书》在当时受到了广泛的欢迎，当时的中学生、准备学习音乐的学生，以及音乐爱好者们，都使用这套教科书作为教材或学习资料。这套教科书也一跃成为了当时音乐类出版物的畅销书，初版后一再重印，到1941年6月，已印达21版。

廖辅叔回忆：1935年，中英庚款董事会征求一部儿童唱歌教科书，黄自与他的"四大弟子"（具体后文将进一步论述）和廖辅叔本人一起，合编了一套去投稿，他们入选的歌曲作品最多。后来因抗战爆发，这些作品原稿亦不知所踪，终是未能刊印。据戴鹏海编订的《黄自年谱》记录：

现存黄自先生的生前手稿15首，可以看到独唱13

首，自度歌词 8 首:《挖泥沙》《不容易》《春风》《三样早》《你可知道》《吃巧果》《互助》《养蚕》；廖辅叔作词的 3 首:《雪人》《西风的话》《毕业别》；刘雪庵作词的 1 首:《黄花岗先烈纪念日》；叶绍钧（即叶圣陶）作词的 1 首:《新年》；自己作词的合唱 2 首:《一张白纸》（轮唱）、《牛》。这些歌曲只有 3 首发表过，其中:《西风的话》，初次在《复兴初级中学音乐教科书》第 1 册的第 11 版续印本上发表。《养蚕》《牛》，以《童谣二首》为题，署名"不平作曲"，发表在国立音专的音乐学术刊物《音乐月刊》（笔者注:陈洪主编，以"阐述音乐原理、研究音乐技术、提倡音乐生活、普及音乐教育为宗旨，"从 1937 年 11 月至 1938 年 2 月，共出版 1 卷 4 号）第 1 卷第 3 期上。

1936 年 3 月，黄自还参与编审教育部编的《中学音乐教材初集》出版，其中有 10 首歌曲是黄自配的和声。如,《始业式》（东峦词）、《孤燕》（意大利民歌，许地山译词）、《秋声》（Wrighton 曲，吴研因改词）、《破车瘦老的马》（陈北鸥译词）、《春郊》（沈心工词）、《黄鹤楼》（沈心工选曲作词）、《中国男儿》（石更词）、《下江陵》（李白诗，黄自旧作《峨眉山月歌》原曲）等。

由此可见，从 1933 年开始，一直到 1938 年，黄自投入了大量精力在音乐教材的编纂之中。究其缘由，作为教育部设立的音乐教育委员会委员、中小学音乐教材编订委员会委员，黄自深知在教育过程中，最重要的书籍就是教材，而中小学教材的水准，也是衡量一个国家或地区基础教育水准的重要标志之一。因此，黄自编写的教材旨在提高下一代的音乐鉴赏能力，因为只有孩子们有了鉴别能力，才能够辨别出来美与坏，只有孩子们接受了教育，民族与国家才能够真正富强。旨在用音乐改变当时的社会风气，唤醒国民的意识，提高国民的素质。古人说"移风易俗，莫善于乐"。黄自之愿，正在于此。

他认为，"纯正音乐"（Absolute Music）是无法用文学或言语来表达的。"因为音乐的'内容'与'外形'是合而为一的，所以它是最高的艺术。"因此，"要养成欣赏音乐的能力，不是一朝一夕可以办得到的。须要经日积月累的训练，方能逐渐将它培养起来"。

由此，黄自也特别重视除学校教材外的其他音乐出版物、音乐广播、音乐会等大众传媒手段对音乐普及所起的重要作用，他希望音乐能够走进千家万户，能够在耳濡目染中改变国民的心智。

1934 年，黄自与萧友梅、易韦斋一起，一方面主编推出了音乐类学术刊物《音乐杂志》，旨在"滋养民众和乐，因是愿把音乐知识来普及；鼓舞崇正赏悦，因是愿把音乐义理来提正；供给美善规范，因是愿把音乐精华来介绍；撩引精湛声情，因是愿把音乐共鸣来请求"。

三年后（1937 年），他也曾打算与学生贺绿汀一起再办一本注重音乐理论的杂刊物。当年 7 月的上海《立报》曾专门报道："国立音专的教授黄自先生拟与其弟子贺绿汀合办一音乐杂志，内容注意音乐理论等，大约这刊物在下月初即可和诸位见面。"但因随后的战事发生，贺绿汀又随救亡演剧一队出发至内地，计划未能实现。

另一方面，应上海市教育局之请，为"向社会大众传递高尚优美的音乐"，黄自负责组织国立音专师生每周末在中西药房广播电台播出的音乐节目；同时在《新夜报》(原名《晨报晚刊》，为上海新闻界继《大晚报》后第二家有影响的晚报)特开《音乐专刊》，组织音专师生撰稿，提前预告，介绍每周拟播出的音乐作品，以及其他有关音乐的普及文章，以使上海及其外埠爱好音乐的人们能够提高音乐审美水平。

《音乐杂志》封面

从 1934 年 10 月 4 日 到 1936 年 1 月 16 日的两年三个月中，《音乐专刊》坚持出刊 57 期 (期间除因为国立音专放寒假暂时休刊两次)，基本保持了每周一期的频次，直至 1936 年 1 月 30 日《新夜

《音乐杂志》主编 (左起黄自、萧友梅、易韦斋)

《新夜报·音乐专刊》第一期

报》停办，该专栏才因此停刊，国立音专师生的定期广播活动也同时结束。

黄自主编的《音乐专刊》，虽然每期篇幅只占《新夜报》的半个版面，字数不过五、六千字，他却兼顾了副刊内容的知识性、趣味性和广泛性，把刊物办得雅俗共赏，尽力做到"麻雀虽小，五脏俱全"。在播音节目的内容安排上，兼顾中外声乐、器乐经典作品的同时，也注重新人新作的推出。声乐专业的郎毓秀、劳景贤、斯义桂等，钢琴专业的丁善德、李献敏等，当年都在这些播音活动中崭露头角，后来都成长为中国的知名音乐家；而《抗敌歌》（黄自、韦瀚章词，黄自曲）、《玫瑰三愿》（龙七词、黄自曲）、《问》（易韦斋词，萧友梅曲）、《南飞之雁语》（易韦斋词、萧友梅曲）、《同胞们》（周淑安曲）、《花非花》（白居易词，黄自曲）、《秋宫怨》（朱英作琵琶曲）、《大江东去》（苏轼词、青主曲）、《怀古》（伊令眉词—即廖辅叔）、《快活歌》（刘雪庵词，应尚能曲）、《牧童短笛》（贺绿汀作钢琴曲）、《杀敌歌》（刘雪庵词曲）、《春归何处》（黄庭坚词、陈田鹤曲）、《窗前秋去桐犹绿》（满谦子词曲）、《重游》（谭小麟作二胡曲）等一大批优秀的音乐作品，也通过空中电波，进一步走进了千家万户，为当时大众音乐的正面传播起到了积极的引导作用。

创立乐团

1935 年冬，黄自等发起创办的上海管弦乐团，经一年左右的筹备后正式成立，黄自任团长，副团长是谭小麟（作曲家、音乐教育家。曾就读国立音专，先后随朱英、黄自学习琵琶、作曲。后留美回国，任国立音专理论作曲系教授兼系主任），吴伯超任指挥，团员共 30 余人，我国已故大提琴家张贞黻（1928 年入国立音乐院学习小提琴、钢琴，后改学大提琴。1935 年参加上海工部局管弦乐队。担任过鲁迅艺术学院音乐系教员、延安中央管弦乐团副团长）就是此中一员。乐团成立后排练的第一个曲目是贝多芬的第五交响曲《命运》。

1937 年 5 月 18 日，上海管弦乐团第一届音乐会新闻

黄自发起创办上海管弦乐团时，上海已有享有"远东第一"美誉、且逐步对华人开放的交响乐队 —— 上海工部局管弦乐队，也是当下"上海交响乐团"的前身。这支吸纳大批欧洲乐师、以"欧洲城市乐队的高标准"进行重组的租界乐队，每年 10 月至翌年 5 月的音乐季，会集聚大量高质量音乐演出，最初主要面向租界中的欧洲人演出西方古典音乐，后来也潜移默

化地对上海市民的生活方式产生越来越重要的影响与改变。"无论是多么平淡的场景，音乐都能赋予它深厚的意义，而平淡突然间变成了美丽而热烈的珍珠，从音乐中破壳而出。"当年，萧友梅从北京南下到上海办学，很重要的一点就是看中了这个乐队，他曾直言"上海市政厅的管弦大乐队（笔者注：即上海工部局管弦乐队），是上海唯一的宝贝"。黄自也被聘任为"上海工部局音乐委员"。不过由于绝大多数的中国音乐爱好者买不起这个乐队的音乐会票，无法享有与租界外侨同等的音乐权利，因此，华人纳税会一再提出撤销这个乐队。黄自虽然是上海工部局音乐委员，但也坚定地和国人站在一起，同意这个主张。黄自认为，中国的音乐文化必须由中国人自己来建设，只有这样，饱含着我们民族特色的音乐，才能够世代流传下去。因此，他才决定要创办中国人自己的管弦乐队。

在这一年中，黄自还经常组织国立音专的学生到市内各学校举行小型演出（大约每周一次）。1936年4月，国立音专师生应教育部邀请，去南京参加全国美术展览，并为国民大会堂开幕举行音乐会，黄自同行。音乐会上，赵梅伯指挥国立音专师生演唱了黄自创作的声乐作品《抗敌歌》和《山在虚无缥缈间》等。

此外，黄自也积极参与各类音乐活动评审。1936年2月17日，上海市政府为确定上海市市歌，组织敬业中学、吴淞中学、务本女校及万竹小学四校学生试唱胡敬熙作词、赵元任作曲的《新上海歌》，黄自与萧友梅、应尚能、陈能方等被邀请参加评判。第二年，黄自还参加了大众口琴会主办的全沪口琴独奏锦标赛的颁奖会，为获胜者颁奖。

计划·宏愿

　　因为，黄自始终想要健全和完善中国的普通音乐教育和高等音乐教育，所以，20 世纪 30 年代初，他制订了全面的计划。《关于上海国立音乐专科学校改制的计划草案》（后面简称《草案》），经校长萧友梅审定呈报教育部。《草案》中，黄自根据音乐自身的特点和国立音专以及社会上的实际情况，提出了在国立音专添办初中的请求，他说：

　　　　欲培养音乐专门人才，必须将天才儿童从小加以透彻的训练。若待半途出家，已事半功倍。普通初中毕业（15 岁），开始习音乐，已苦太迟。若待高中毕业（18岁），更无论矣。音专历年毕业生太少，学生在入校前无音乐训练，实为最重要原因之一。故为多造就音乐专家与教师，添设初中实急不容缓。普通初中以经济、师资关系，决难设完善之音乐科以训练有特殊天才之儿童。且初中功课繁多，即使能行，学生于时间上亦无法支配。中国必有不少音乐天才，以无机会受训练，遂至糟蹋。目下稍有成就者，只可以例外目之。且彼等若得入音乐初中，按步就班从良师学，其成功亦必倍获于今。为本校师范科生实施试教计，初中亦不可不办。因普通初中除全班唱歌外，无音乐功课（如欲教钢琴等课即无法实行）。

　　此外，黄自认为音乐家培养太难，而中国音乐教育人才又太少，因此，必须要大量培养专业的音乐教师，音乐校园也要增设师范科，由专门的音乐人才来带动中国的音乐发展。他说：

> 吾国音乐师资缺乏，自不待言。本科原为培植专门技术人才而设，标准务高，选别务严。故非有特殊天才，决不能望其毕业（此点与普通大学不同。盖以中人之才，经若干时之努力，毕业普通大学，并非难事）。然普通学校之音乐教师不必为杰出之音乐专家，只求其对于音乐有充分了解，有相当修养可已。师范科即为培植此项人才 —— 即天资不足入本科，然仍可为一音乐教师 —— 而设。

他还认为"中国只设了一个音乐专科学校，是不能普及音乐教育的"，因此提出要"把中国划成几个'音乐区'，每区设一个音乐师资训练学校"。音乐专科学校则只用来造就音乐家，将各区中的优秀人才选到音乐专科学校集中培养，接受高等音乐教育。这样，不仅

关于上海国立音乐专科学校改制的计划草案(节录)

（前略）

（一）添办初中理由

a：欲培养音乐专门人才，必须将天才儿童从小加以透彻的训练。若待半途出家，已事半功倍。普通初中毕业（十五岁），开始习音乐，已苦太迟。若待高中毕业（十八岁），更无论矣。

b：音专历年毕业生太少，学生在入校前无音乐训练，实为最重要原因之一。故为多造就音乐家与教师，添设初中实意不容缓。

c：普通初中以经济、师资关系，决难设完善之音乐科以训练有特殊天才之儿童。即初中功课繁多，即使能行，学生于时间上亦无法支配。

d：中国必有不少音乐天才，以无机会受训练，遂至糟蹋，目下稍有成就者，只可以例外目之。且彼等若得入音乐初中，按步就班从良师学，其成功亦必倍获于今。

e：为本校师范科生实施试教计，初中亦不可不办。因普通初中除全班唱歌外，无音乐功课（如欲教钢琴等课即无法实行）。

（二）本科毕业生应授音乐学士之理由

a：普通大学只须修一百三十二个学分，即可得学士学位。今本校本科须修一百六十个学分（已超过大学五分之一），反无学位，于理未妥。

b：国内国立、私立大学(北女⑳、沪江㉑)有设音乐系者，其学生虽兼习文理各科功课，然所习音乐功课，不及本校音乐科三分之一，彼等毕业后居然可得音乐系学士。

c：国立、私立艺术专科学校(杭州美专⑫)有音乐系者，彼等音乐系修业三年(从最初步起)，即可称为专科学校音乐系毕业（其实彼等程度尚远不及本校高中生）。吾校本科生所学多至彼等四、五倍，为彼等教师尚绰乎有余，然毕学历相等，毋乃太不平乎（本校学生多人，在未入本科时，已在艺术专科学校任教职，如戴粹伦⑭、丁善德㉒之在美专㉓任教职，贺绿汀、陈田鹤㉔之在武昌艺专㉕任教职

黄自《关于上海国立音乐专科学校改制的计划草案》

能够充分挖掘在音乐方面有天赋的人才，集天才英才而培育之，还可以使音乐教育在全国更加普及。纵使理想如此丰满，现实仍旧无情地打碎这一切，可惜黄自的这些建议在他有生之年未能推行。

从教育的立场来看，黄自不只是一位音乐家，不只是一位音乐教育家，不只是会舞文弄墨，不只是会弹琴作曲，而更是一位活生生的"人"——透过音乐教育而塑造成功的一位有思想、有见解、有抱负、有所为有所不为的"活生生的人"。他时时求新，但也刻刻不忘民族传统文化；他眼睛望着艺术的高峰，但脚踏的却是大众教育；他不孤芳自赏、自我陶醉，而是走向社会、走向群众。

第七章 — 创作

黄自用音乐书写出对中国赤诚的热爱；用音乐书写出对诗词的感悟与体会；用音乐书写出对未来的向往与期盼。黄自所作音乐作品算不上最多，但他适应了历史潮流，中西结合，融会贯通，他如一座桥梁设计师，搭建了中西音乐沟通之桥。他对待音乐是严谨而认真的，每一部作品都像是他的孩子，倾注了他无限的爱。

作品

黄自是杰出的音乐教育家，中国早期音乐教育的奠基人，但这只是他一生成就中的一部分，他还是一位杰出的作曲家和音乐理论家。黄自积极从事音乐创作和理论研究等工作，产出了一批优秀的声乐和器乐作品。

黄自的音乐创作活动始于美国留学期间，从他第一年留美的1924年开始，到他因病离世的1938年，黄自的创作生涯只有短短的十几年，这些时光可能弹指一瞬，稍纵即逝，然而他留下的遗产是丰富的，如黑夜中的明珠，似大海中的灯塔，像冬日里的暖阳。"黄自为后人留下了包括改编在内的107种声乐器乐作品，其中14种是他在美国留学时创作的，其余93种均作于回国后的七年多时间里。他的作品涵盖交响音乐、室内乐、复调音乐、清唱剧、合唱、重唱、艺术歌曲和单声部齐唱等多种音乐体裁，数量虽称不上最多，但涉猎面相对广而全。"

黄自在美国留学的五年里，共创作了4首声乐曲、10首器乐曲。戴鹏海教授评价：他在1928年前后所创作的《二部创意曲两首》《降A大调前奏曲》《写在圣诞卡上的三部无终卡农》以及《G大调四部声乐赋格》等，应属中国第一批声乐、器乐复调音乐作品；作于1929年的《怀旧》，也是中国第一部由外国音乐家指挥、演奏并在国外首演的、真正意义上的交响音乐作品。可见在美留学时的黄自，音乐创作以器乐曲和管弦乐曲为主，表现出了高超的艺术水平和创作天赋。

1929 年，黄自结束留学，回到国内。基于当时中国的高等专业音乐教育刚刚起步，专业演奏人才缺乏，加之黄自的音乐教育工作过于繁重等原因，回国后黄自的音乐创作主要以更容易推广的人声乐器 —— 声乐作品为主。1930 年，发表的男声四部合唱《目莲救母》，

黄自手稿：钢琴《两部创意曲》（馆藏于上海音乐学院图书馆特藏室）

是他归国后的第一首作品，也是他通过改编传统曲目 —— 昆曲《思凡》来探索多声部写作民族化的有益尝试。有学者称他这种将西方音乐理论技巧与中国元素相嵌融合的创作，为"不失'洋气'的'土味'格调"。7 月，黄自在《乐艺》第 1 卷第 2 期上发表《西洋音乐进化史的鸟瞰》一文，提出：

> 因为各时代人类美的观念不同，所以表现美的技术也随时而异……艺术是生活的表示，一个时代的艺术，就表示一个时代的生活……我们欣赏艺术作品，要具有历史眼光 —— 要知道当时生活、思想是怎样；当时艺术家的理想的美是什么，和什么是当时艺术家用的技术。

这一篇文章，可以作为我们理解和欣赏黄自音乐的一个基础。

　　黄自在创作中，也非常强调作品题材的爱国性。他归国时正值国内时局动荡、外忧内患之际，少年时代就受到倡导民主科学和号召反帝爱国的新文化运动、五四运动双重洗礼的他，决心拿起音乐作为武器战斗，以音乐为枪，以一位音乐家特有的方式，积极主动响应全国各地的抗日救亡运动。创作时，他将在国外学习的西洋作曲技法的精华同中国民族音乐的素材相结合，创作出了一批经久不衰的爱国歌曲和具有中国特色的音乐作品。《抗敌歌》就是他将浓厚的爱国之情和对敌人的仇恨融入到作品的歌词中，并用混声四部合唱熔铸而成的一首代表作。

　　《抗敌歌》原名《抗日歌》，是中国最早一首以抗日救亡为题材的歌曲，由黄自和韦瀚章作词，黄自作曲。创作于1931年"九一八"事变后不久。当时，国立音专师生自发成立了抗日救

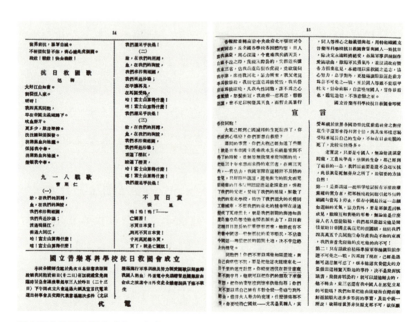

国立音专抗日救国会成立及宣言

国会，校长萧友梅对教师及学生参与的抗日活动十分支持，并且身体力行，很快就创作了《从军歌》。同时，琵琶教师朱英创作了《难忘曲》；声乐教师周淑安创作了《同胞们》等作品。但其中最著名、影响最大的还是黄自创作的《抗敌歌》。

> 中华绵绣河山谁是主人翁？
>
> 我们四万万同胞。
>
> 强虏入寇逞凶暴，
>
> 快一致永久抵抗将仇报。
>
> 家可破，国须保，
>
> 身可杀，志不挠！
>
> 一心一力团结牢，
>
> 努力杀敌誓不饶，
>
> 努力杀敌誓不饶！

《抗敌歌》写成后由当时在国立音专教合唱课的声乐教师应尚能（声乐表演艺术家、音乐教育家、作曲家。早年就学于清华学校，后留学美国，先后入密歇根大学工学院和音乐学院）油印成讲义，是学校采用的第一首由中国作曲家创作的抗战题材的合唱曲教材，学生们都很喜欢，也备受鼓舞，这部作品也成为了声乐必学曲目。《抗敌歌》的诞生也可看作黄自作为一名具有鲜明爱国主义思想的作曲家开始一系列创作活动的标志。因为国民党当局实行不抵抗主义的反动政策，禁言抗日二字，所以才有了从《抗日歌》变更为《抗敌歌》的调整。20世纪90年代该曲曾入选"20世纪华人音乐经典"。

日本为了转移国际视线，并迫使南京国民政府屈服，又于1932年1月28日晚进攻上海，发动了"一·二八"事变。在炮火

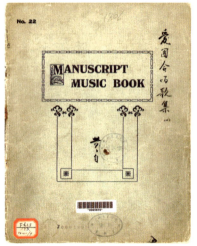

《爱国合唱歌曲集》　　　　　　　　黄自手稿《抗敌歌》（馆藏于上海音乐学院
　　　　　　　　　　　　　　　　　图书馆特藏室）

声中，黄自随即创作了《赠前敌将士》（何香凝词）等爱国歌曲，以表达他对不顾反动政府的阻挠、英勇抗击日本侵略的十九路军将士的声援。在这以后，黄自又继续创作了《九一八》《睡狮》等爱国歌曲。

　　不仅如此，抗日的战火也改变了黄自平日那温文尔雅的性格，他走出了琴房，放下了繁重的教学任务，带领着国立音专的部分师生走出校门，到上海市区和浦东一带宣传抗日救亡，沿途向在场的市民们演唱爱国歌曲，到杭州举行宣传抗日的音乐会，为奋战在前线、保家卫国的义勇军将士们筹资募款、寄送寒衣等，充分发挥音乐的积极功用。

《长恨歌》

　　1932 年夏秋，黄自与韦瀚章一起，创作了我国第一部清唱剧《长恨歌》，这也是黄自唯一的一部大型声乐套曲，我国有"清唱剧"的译名，也应是从此而始。

　　《长恨歌》，选用丝绸之路的源头西安发生的唐明皇（李隆基）不爱江山爱美人、最终国破家亡的历史故事创作而成。该剧在情节结构和段落布局上，参考了清代洪升所创作的《长生殿》，并以唐代诗人白居易写下的同名长篇叙事诗《长恨歌》作为每个乐章的标题，意在借古讽时，传达全国人民要求积极抗日的爱国热情。一句"劝君主，珍重江山"喊出了千千万万中国人的心声。

清唱剧《长恨歌》曲谱

该剧原计划为十个乐章，韦瀚章也写完了十个乐章的歌词，但黄自因为教学与教务工作过于繁忙，生前只写完了其中的七个乐章（第一、二、三、五、六、八、十乐章），属于独唱部分的三个乐章（第四、七、九乐章）尚未完成。

这部清唱剧黄自在世时虽然没有完成，但它已经包含了白居易原作的基本内容和主要场景，情节基本连贯，结构基本完整，显示出黄自在处理历史悲剧题材和驾驭大型声乐体裁方面的才能。

1973 年，台湾赵琴博士（台湾师大音乐系声乐学士、旧金山加州州立大学音乐史硕士、美国加州大学洛杉矶校区明筑音乐学哲学博士）制作主持中广公司主办的第二届中国艺术歌曲之夜，委约林声翕补遗完成黄自清唱剧《长恨歌》，并于当年 5 月 9 日期逝世周年纪念日于中山堂首演《长恨歌》全剧 10 首（亦有说法 1970 年，该剧词作者韦瀚章请黄自的关门弟子、作曲家林声翕完成补遗工作，清唱剧《长恨歌》终于在两年后得以完整面世，于 1979 年在美国旧金山首演）。1995 年，音乐家叶纯之（曾任上海音乐学院音乐研究所美学教研室主任）接续林声翕为清唱剧《长恨歌》完成了全套交响化配器，并于四年后在香港演出。

在黄自的创作生涯中，韦瀚章是绕不开的人物。韦瀚章（1906—1993 年）是广东中山

韦瀚章像

人，1924年入沪江大学读书，毕业后曾在该校任秘书。1929年10月，应聘为国立音专注册主任兼讲师。他自幼爱好文学书画，并以歌词写作为一生主要事业，韦瀚章是国内歌词创作和理论研究的先行者，也是提出"歌词"这一专业术语的第一人。韦瀚章和黄自在国立音专工作时结识，并且培养出了深厚的友谊。黄自擅长作曲，韦瀚章擅长作词，而且二人的音乐主张相近，皆致力于"诗乐结合""词曲交融"。因此，二人的创作可谓是珠联璧合，天衣无缝。在《长恨歌》之前，二人便已有过多次合作，此前，有我们已介绍过的《抗敌歌》；之后，两人又合作了《思乡》《春思曲》《春深几许》等多部作品，《长恨歌》是二人合作的体量最大的一部作品，也是二人最有影响力的作品之一。韦瀚章回忆自己与黄自创作《长恨歌》的过程时这样说：

> 那是23年前的事了。不过当年写长恨歌的情景，依稀如在目前。也许是"长恨歌"这个命名定的不好，给这一部黄自的唯一清唱剧这不祥的预兆，使它永远成为长恨。每当我回想到我们当年写作的热情，在战乱中，我扶病南归，黄自伤感地和我握别 —— 当时黄自已经从医生方面探知了我的病势，可能是绝望的，而我自己还不知道那末严重；和现在曲终人杳的境况，我真不禁热泪盈眶！诗词与音乐之不可分离，正如声音与语言之不可分离一样，甚且有更密切的关系；因为诗词与音乐是语言与声音的最高表现。所以，黄自与我的会合，与其说是偶然的机缘，毋宁说是必然的趋势。词作者需要作曲家，和作曲家需要词作者，是同样切要的。我们写作"长恨歌"的动机，一方面固由于当时国立音乐专科学校的急切需要，

清唱剧《长恨歌专号》1943 年

另一方面，我不能不承认是我们当时当地，亲自体验的环境所鼓起的强烈民族意识的激励。自从"九一八"与"一·二八"事变之后，中国人的爱国热情，达于沸点。但届于当时环境，这种极度热情，只能向艺术文化方面发泄。而我们在音专开办最初的几年中，早就感觉到中国歌乐教材的缺乏，在音专同学全体的要求，和蔡元培博士、萧友梅博士和担任合唱课程的应尚能教授的鼓励下，我们便鼓起勇气，为音专写作些教材。1932年夏天，把音专的教务办完后，暑假期中，我先着手准备歌词的写作。为求事情认真计，我把白居易的"长恨歌"和旧剧"长生殿"全部，细读了好几次，然后动笔。我们当时的决定是写十阙的：（一）仙乐风飘处处闻（二）七月七日长生殿（三）渔阳鼙鼓动地来（四）惊破霓裳羽衣曲（五）六军不发无奈何（六）宛转娥眉马前死（七）夜雨闻铃肠断声（八）山在虚无飘渺间（九）西宫南内多秋草（十）此恨绵绵无绝期。我写完一阙，立即交黄自作曲。暑假未完，我已赶成了十阙歌词，同时黄自也作成了好几阙合唱和二重唱。秋季开学的时候，合唱课便

百年巨匠
Century Masters
黄自 Huang Zi

132

开始练习中国人自己写作的第一部清唱剧。大家心中的愉快，是说不出的。就在那一个学期中，黄自先后完成了七阕。一学期的合唱教材是足够有余了。为了举行公开演奏，黄自又将其中几阕作成乐队伴奏。第四、七、九等三阕，是独唱曲，当时因为教务事情的繁冗，一时赶不及完成，留待以后，有预感时再继续下去。谁料这末一搁，便成了永远未完成的作品。这不但是黄自的一生遗憾，我的一生长恨，也是乐坛上一件不可弥补的损失。

1933 年 11 月，在学生音乐会上，国立音专首次演出了七乐章版的清唱剧《长恨歌》（钢琴伴奏版）。

从创作技法上来看，一般认为清唱剧《长恨歌》是运用西方大型声乐体裁为载体进行音乐民族化的一次成功尝试，尤其重视中国古诗词的词韵，强调乐曲的旋律、和声需较好地呈现歌词的

2018 年，多媒体音乐剧场《长恨歌》演出剧照，清华大学

2019年上海国际艺术节，多媒体音乐剧场
《长恨歌》演出海报

语义。其中以西方"主导动机"展开描写边关报急的第三乐章《渔阳鼙鼓动地来》（男声四部合唱）和以中国古曲《清平调》为主题曲调素材而创作的第八乐章《山在虚无缥缈间》（女声三部合唱），是几十年来在音乐会上演出最多的两个乐章。

战乱年代，曲谱的保存不易，我们现今看到的清唱剧《长恨歌》曲谱得益于黄自家属以及当年音乐界和黄自弟子的倾心守护。

当年陈田鹤在四川每次躲警报的时候，都不忘抱着黄自的遗稿，来来回回好几次，最后吴伯超设法将其中一部分石印，那就是现在的清唱剧《长恨歌》。

1943年5月，黄自逝世五周年之际，中国音乐研究会在《音乐月刊》（1942年在重庆创刊，缪天瑞、刘雪庵、陈田鹤担任主编）二卷一期上出版了"黄自遗作——《长恨歌》专号"。1957年，上海音乐出版社正式出版了黄自的《长恨歌》。2018年适逢黄自先生逝世80周年，上海音乐学院校史馆与数字媒体艺术学院合作，在得到学校领导以及黄自和林声翕家属的大力支持下，改编了清唱剧《长恨歌》。在与清华大学联合推出的纪念音乐会上，首次以多媒体音乐剧场的形式，呈现了这部上音先贤在近一个世纪之前，怀揣振兴民族音乐的伟大梦想而创作的一部具有划时代意义的、追求民族性的音乐作品并获好评。2019 年，该剧作为第 21 届中国上海国际艺术节扶青计划暨青年创想周的正式参演剧目，在新中国成立 70 周年之际，向上海市民再次展现了黄自在近一个世纪之前的音乐"中国梦"。

艺术歌曲"古与今"

黄自也是 20 世纪 30 年代艺术歌曲创作繁荣时期中最具创造力和影响力的一位作曲家，艺术歌曲最能体现黄自的创作才华及创作价值。黄自所创作的艺术歌曲大体上可以分为三种类型，除前面所说的爱国歌曲外，还有古诗词艺术歌曲与现代诗词艺术歌曲。古诗词艺术歌曲是以古诗词为歌词，为其谱曲。黄自自幼爱读唐诗宋词，这也使得他在创作时喜欢运用古典诗词，将诗歌与旋律完美的结合在一起。前文已述他在《复兴初级中学音乐教科书》里发表的学生歌曲《花非花》《点绛唇·赋登楼》《南乡子·登京口北固亭有怀》等，都是以唐诗宋词所作的艺术歌曲代表作。在这些作品中黄自通过他新颖的作曲手法，把音乐与诗词巧妙的融在了一起，在遵循诗词所固有的声韵规律的前提下，黄自为每一首诗词都谱写了符合诗词内容所要表现的意境的旋律。

现代诗词艺术歌曲即以现代近体诗词作为歌曲歌词，谱曲而成。黄自的这类艺术歌曲，很多都是以他同时代文人的抒情诗为词创作，例如国立音专教师龙榆生的诗作《玫瑰三愿》、韦瀚章的《春思曲》和国立音专学生刘雪庵的《踏雪寻梅》等。黄自会把自己对所处时代的个人思考与感悟融入歌曲创作中，通过不同的侧面去反映当时的社会现状。

> 玫瑰花、玫瑰花，烂开在碧栏杆下；
>
> 玫瑰花、玫瑰花，烂开在碧栏杆下。

我愿那妒我的无情风雨莫吹打；

我愿那爱我的多情游客莫攀摘；

我愿那红颜常好不凋谢；好教我留住芳华。

这首由黄自谱曲，龙榆生作词的《玫瑰三愿》，看上去只是一首抒发个人情怀的音乐作品，但其实寄托的，是两位创作者的爱国之情与忧国之思。据龙榆生的回忆，"当年国立音专校园内栽有玫瑰，艳丽多姿，惹人注目，后来，因为受到战争的影响，玫瑰无人照料，凋零殆尽"。战事暂时平息后，龙榆生返回国立音专，见到战火之后的一地零落，心有所感，写下这首歌的歌词。歌词所寄托的感慨与黄自的内心世界产生了共鸣，他便为之作曲，创作出了这首脍炙人口的艺术歌曲。

由此可见，不管是雄伟大气的古诗词艺术歌曲，还是清新淡雅的现代诗歌艺术歌曲，黄自创作的艺术歌曲既能体现他专业的作曲素养，又十分贴切符合中国音乐文化的审美传统，具有很强的诗意性，形成了其独有的艺术风格。这也使他所创作的艺术歌曲犹如一股清流，为中国的民族音乐增添了一分别样的色彩。也难怪这些作品一经推出就受到民众热捧，也成为当下艺术歌曲音乐会

黄自手稿《春思曲》（馆藏于上海音乐学院图书馆特藏室）

《中国艺术歌曲百年》（第一卷）

中的必唱经典曲目。上海音乐学院院长廖昌永教授等著的《中国艺术歌曲百年》（第一卷）一书中，对黄自艺术歌曲的评价是：

黄自的艺术歌曲类型丰富，在歌曲的内容与形式上高度成熟，堪称欧洲浪漫主义歌曲技法与中国新、旧文学情调的交融，在对古典文化品位与时代思想情感兼收并蓄的同时，创造出感人肺腑的艺术形象。

电影之乐

　　黄自还是中国电影配乐第一人。1935 年 10 月，黄自参加了电通公司推出的有声故事片《都市风光》的配乐工作（为这部电影配乐、作曲的还有贺绿汀、赵元任），并为这部电影创作了片头音乐 ——《都市风光幻想曲》。

　　电通影片公司是中国早期电影公司中唯一一家由中国共产党的电影小组直接领导的进步影片公司，当时的一批左翼和进步艺术家如夏衍、田汉、司徒慧敏、袁牧之等都集中在这里。《都市风光》是该公司继《桃李劫》《风云儿女》之后摄制的又一部进步影片，也是我国第一部音乐喜剧片，由袁牧之编导。影片通过几位在上海"淘金"的农民视角，从西洋镜里展现了奇形怪状的社会现实和五光十色的都市生活，是展示当时十里洋场黑暗现象的一幅漫画，也是呈现当时落后小市民群的一首讽刺诗。

　　《都市风光幻想曲》旋律简单流畅，结构工整，且极富镜头感。乐队全奏引出的热烈快板，使人联想到南京路上的人头攒动；弦乐与管乐的音色对比，仿佛把镜头转到了外滩公园和汇丰银行门口那两只巨大的铜狮子 …… 总之，活泼欢快的旋律与闪动万花筒为背景的字幕画面巧妙结合，给人耳目一新的感觉。

　　《都市风光幻想曲》后来由梅百器（Mario Paci，1878—1946，意大利钢琴家、指挥家。为中国近现代管弦乐事业的发展做出过突出贡献）指挥上海工部局管弦乐队，录制成唱片。据考

为「都市风光」演奏「都市幻想曲」之上海工部局乐队全体签名录

For Playing the Fantasy in "Quo Vadis"

上海工部局乐队为《都市幻想曲》签名

证，作为高等音乐学府的教授为电影写音乐的，黄自是最早的一个，这标志着"中国第一部由专业作曲家创作的电影化片头音乐的诞生"，极具时代意义，也是中国电影音乐创作的一座最重要的里程碑。在此之前，中国电影大多数的音乐都来自于国外，多选配现成的音乐，整部影片音乐的调式调性很难达到统一，结构上也不完整，深究起来问题很多。而正是从《都市风光》这部影片开始，导演袁牧之邀请了作曲家黄自亲为影片谱写了片头音乐《都市风光幻想曲》，作曲家贺绿汀为影片创作器乐曲，从而完成了整体意义上的中国电影音乐创作。

除了亲自参与电影配乐工作外，黄自更将工作经历总结为经验，上升到理论高度，1935 年 10 月 26 日出版的《电通》第 11 期上，黄自发表了题为《电影中的音乐》一文，讲述自己对于电影中的音乐的看法：

好像歌剧一样，有声电影是一种综合艺术，离不了音乐的。音乐在有声电影里当然没有像她在歌剧里那样的重要，但也决不容忽视的。谁也不能否认：一部影片配上了适合的音乐就愈觉生动，愈觉出色。

吾国电影事业本属新进。演、摄等各方面都赶不上人家，音乐尤其落后。某誉满一时的声片中的音乐在国产片中可算是顶刮刮的了，但在苏联公映时，人家仍讥其为太幼稚。那么其他可想而知了。大部分国产片中之音乐非但幼稚而且恶劣万分。推其故不外乎两大原因：一，民众音乐程度太幼稚；与二，音乐人才缺乏。

因为民众的音乐程度低，所以聪明的导演就这样计算："观众要音乐无非凑凑热闹而已。好的、坏的他们何尝懂得，那么马马虎虎，对付对付就行了，何苦吃力不讨好，花钱花时候去配好音乐呢？"再者，有一位电影作曲家的先进写了几支淫荡歌曲，可怜的民众正在饥不择食的时候，竟家弦户诵风行一时。于是继起者以为适合民众口胃的就是这些东西，结果弄得有歌皆荡，无曲不淫。这种情形是多么危险！其实，一味迎合民众心理是错误的。电影负有指导民众的使命。民众音乐程度幼稚，无鉴辨。所以我们的制作须格外审慎；民众已沉醉在靡靡之音中，所以我们当更加努力来提倡纯正音乐。不然愈弄愈糟，不知将伊于胡底。

其次，因为音乐人才少，所以即使要配上些良好音乐也感得极度困难，有时竟力不从心。有些较有地位的音乐家因鉴于一般电影音乐太糟了，不肯为电影作曲或演奏，有时他们竟也插足不进去。结果呢？电影音乐由几个人包办。这些人物中我当不敢说完全没有天才，或未受相当训练的。但好的究属极少数。多数电影音乐家的智识与技能都浅薄万分（据说，有一位有名电影作曲家自己承认，直到如今仍不懂长调、短调的区别在哪儿！）。他们只能写个杂乱无章的旋律，很简单的和声也不会写的。这个得另找个外国乐工来胡诌上去。这样混血的产物，要求其有意味，自属不可能。至于演奏方面，一般演员都未受过任何声乐训练，有的凭着本能干喊几下，有的装腔作势扭出那肉麻不堪的音来。其实明星本不是人人能唱，亦不必求人人能唱。不过如果要唱，一定得唱得像个样儿。

讲到配音方面，其颟顸情形亦如上述。大部分配音的人的音乐知识与了解本不甚高明。因此所选曲的意趣、节奏等，与画面往往不吻合，有时竟风马牛不相及。他们每就手头有的几张唱片中随便割裂出一、二小段来凑数。结果当然是凌乱散漫之极。

我深信影业将来的发达有赖于音乐者甚多。而音乐决不是可让未经充分训练的人们来敷衍了事的。恶劣的音乐非但会减低影片的价值，而且贻害社会至大。所以我盼望监制、导演并审查电影的先生们多多注意电影中的音乐；而音乐同志也认清有声电影为目下提倡音乐的良好工具，尽量与影业方面合作。

了解

　　语言学家、作曲家赵元任曾在香港"大公报"副刊上发表过一篇题为《黄自的音乐》，简明扼要地概括了黄自的艺术特色，高度称赞了黄自音乐创作的成就，对我们了解黄自先生的音乐艺术很有帮助，不可不读，为此，特予以摘录，供读者参考。

　　我第一次看见黄自的音乐，就是他的《怀旧》（In Memoriam）前奏曲的总谱。这是他在美国耶鲁（Yale）大学音乐系的毕业论文。在他同班毕业的人所作的曲子中，只有他这首被选了给大乐队公演，报纸上说听众对于这首曲子从头到尾是"透透地欣赏"了（thoroughly enjoyed）。这个前奏曲，上海工部局乐队也曾演奏过，有机会听到的一定也会"透透地欣赏了"。单是要找能写出谱来使西洋人能"透透地欣赏了"的，那有的是——成千成万的西洋作曲家都会作出好听的曲子。但是，把西洋技术吸收成为自己的第二个天性，再用来发挥从中国背景、中国生活、中国环境里的种种情趣，并且能用得自自如如，不但自己写的自自如如，要使听者也能觉得自自如如的——这种作曲家是我们最缺少的。

　　黄自的旋律是流畅的，他要唱一个什么音，他先给充分预备好了去路，待会儿自自然然就会到那儿，决不为了唱一句好听的乐句硬装上去。例如唱到"奋起奋起……"

那地方，它使得人有非接下去唱不可之势。你在黄自的乐谱里一定找不出（565 2·16 2·）那种腔调的。倒不是 6 2 不可唱，而是黄自要唱 6 2 的时候他一定先唱几个音，到了那地方使你觉得说"我也好像要接下去唱 6 2 似的"。不过这是一种感觉，他要是不告诉你底下是什么音，你还是想不出来，黄自就知道你所想唱的那个音。

黄自的节奏当然变化很多。大体上说来是倾向于稳重派，就是长音在先、短音在后的多，粗略说起来 就是好像德国音乐，不像西班牙音乐的节奏。我们一听到 1 5 6 5 4 3 2 │ 2 1 7 6 就知道一定不是黄自派的音乐。他并不是不用腰板，《怀旧》头一句就是有（6 5 4）这么一小节，可是这是一切音乐的家常便饭，贝多芬他也常常用的，并不是爵士节律。

黄自对于中国字在乐句里轻重音的配置，可以说严格得要命，在现代作曲家中很少有像他这样严格的，记得有一次几个人在那儿审查一些作品，有好几处我认为不在最重要的拍子上，词与曲的轻重音略微差一点，可以算通得过，但是他还是一点不肯马虎。天才差一点的人，为使作品有趣，往往有犯规的危险，为了严格的守规又弄得东怕撞板、西怕碰钉子，只是黄自他的曲子严守了词曲的节律，而作者听者都不觉得节律的拘束，好象词句压根儿就是这么唱似的。

黄自的和声大半是朴实的，如其为人。转调大都转到上五度，或下三度的短调等等极近的调，甚至同主音长短调互转，都用得不顶多。在乐器里，例如《都市风光幻想曲》，因为性质不同，当然所用的和声也复杂得多。但是他总是善于以最经济的和声材料，来得到最大可能的音乐的兴趣。

黄自的对位法也是非常自然的，他不用玩多少奇怪的花样，就可以你一问我一答地唱得很熟，并且在合唱的曲子里，他善于在相当的地方来一来齐唱。比方在平常一个齐唱歌里有：1· 2 3 3· 2 | 1 1· 7 6 -这么一句，一点没有什么稀奇，但是在参差合唱之后，接上个齐唱句，并且恰好在"一心一力团结牢"的词句上，这就是黄自的艺术了。

1936 年在南京大会堂开了三天的音乐演奏会，第一天就有这个歌，是国立音专歌诵团唱的，赵梅伯指挥。唱到最后复句第一次时候，听众已经是十分入神了，并且手里拿着印好的词句也都唱完了，于是就有一班程度过浅的听众使起大劲来拼命的拍手，把歌词重句的 5 5 | 5· 5 5 2· 3 | 1 -整个儿的盖掉了，吵得一点儿都听不见了。我连忙送了一个条子到后台，说大家对于这个歌儿没有听够，请求再来一次，黄先生就亲自来报告，答应再唱。哪知道唱到那没完的地方，那一班人又拍起手来，把那结尾就又吵掉了。我当时站起来就手舞足蹈的对他们拼命嚷："没完，还没完呐！"可是闹的声音那么大，连我自己都听不见我的声音了。

自从那时到现在大会堂也变了样子，黄先生又作了现在最需要的音乐；可是不料正在这源源而来的乐曲只写了一半时，他竟把一支笔长久的搁起来了，使我们爱慕黄先生音乐的人，不禁的又要叹息着说："没完，还没有完呐！"

黄自所作的音乐并不多，我们也不必为了作文章的缘故，说他是现代一个伟大的音乐家。他的长处是写什么象什么，总是极得体，总是极好唱，我曾称他为现代中国最可唱（most singable）的作曲家。因为这个缘故我赞成现在学作曲的学生们，把研究舒伯特（Schubert）、布拉姆斯（Brahms）等的功夫，至少分一小部分来注意点黄自的音乐。

从黄自的创作，我们可以看到他不仅是一位出色的音乐教育家，也是"中国第一位系统地、完整地传授欧洲近代音乐创作技术理论的作曲家、音乐理论家。在中国音乐史上，黄自创造了诸多个第一，并达到了一个新的高度，在中国新音乐产生发展的阶段，他适应了这一历史潮流，正确指导同仁吸收西方音乐文化的精华，发挥自身固有的音乐文化的优势，对中国近代音乐文化的发展起到了重要的启蒙作用"。

第八章 — 桃李

一九二九年回国后，黄自与中国专业音乐教育碰撞出了美丽的火花。可以说，他是这一领域的一颗启明星，带领中国专业音乐教育离开懵懂的年代，同时他也培养了一大批优秀的音乐人才。黄自这棵音乐的大树，已经枝繁叶茂，现在，他将自己的种子撒下，荫庇一方小苗，成就了众多年轻的力量，对日后的中国音乐界产生了巨大的影响。

"一代宗师"

黄自回国从教的 20 世纪 20 年代至 30 年代，也是中国专业音乐教育起步的阶段，他培养了一大批对中国音乐创作和音乐教育发展有着巨大影响的出色音乐家，被尊称为一代宗师。正所谓"一朵云推动另一朵云，一个灵魂唤醒另一个灵魂"，黄自先生就是那天边一朵五彩的云，推动着更多的年轻的面孔进步。

我们常说的"四大弟子"—— 贺绿汀、江定仙、陈田鹤、刘雪庵，以及向隅（音乐教育家、作曲家，中国共产党为培养抗战文艺干部和文艺工作者而创办的一所综合性艺术类大学延安鲁迅艺术学院音乐系筹建者之一）、丁善德（作曲家、钢琴家、音乐教育家，曾任上海音乐学院作曲系主任、副院长）、张曙（作曲家、革命音乐家、歌唱家）、邱望湘（作曲家、音乐教育家，上海音乐学院作曲系教授、民族音乐教研室研究员）、王云阶（作曲家、音乐教育家、理论家）、张昊（作曲家、汉学家）、谭小麟（被钱仁平教授评价为"中西音乐文化交流的重要使者""中国新音乐创作的先驱""将现代作曲观念与技法系统地引入中国专业作曲教学并与中国民族风格有机融合的第一人"。黄自逝世后追寻其留美足迹，赴欧柏林学院、耶鲁大学音乐学院深造，回国后任上海音乐学院前身国立上海音乐专科学校作曲系主任）、钱仁康（音乐学家、音乐教育家、作曲家、音乐翻译家、原上海音乐学系系主任，被誉为"中国音乐学第一人"）、张定和（作曲家）、邓尔敬（作曲家，

黄自"四大弟子"
江定仙（后排左一），贺绿汀（后排左二），刘雪庵（后排左三）陈田鹤（前排右一）

上海音乐学院作曲指挥系原系主任）、林声翕（作曲家、音乐教育家、指挥家，黄自的关门弟子）等，或为主科生、或为选科生，也不乏旁听生，都曾受益黄自。

以"四大弟子"为例，他们先后进入国立音专，跟随黄自学习作曲理论。在音乐上，总体继承了黄自的创作传统，手法洗练、结构严谨、旋律优美。20世纪30年代中期，他们便已在中国钢琴创作的舞台上悉数亮相；他们也都喜欢创作艺术歌曲，具有很高的古典文学修养，选词不落俗套，钢琴伴奏考究，形成了广泛的社会影响力，在艺术歌曲的发展史上起到了承前启后的关键作用，其艺术歌曲内容和风格深深地影响了此后中国作曲家们的创作。

桃李满园

贺绿汀

  他（黄自）是第一个系统地、全面地向国内学子传授欧美近代专业作曲技术理论，并且有着建立中国民族乐派的抱负的音乐家。没有黄自先生教导，我在音乐创作上也不可有什么成就。这一点应该是所有受过他的教导的老一辈音乐工作者都有深切体会的。

  贺绿汀（1903—1999年）原名安卿、又名抱真，今湖南邵东县人。作曲家、音乐教育家、音乐理论家、社会活动家。黄自"四大弟子"之一。

  贺绿汀儿时便受大量民间音乐的熏陶。1924年入长沙岳云学校艺术专科学习钢琴、小提琴及音乐理论。1926年毕业后在中学任音乐教员。1927年参加广州、海丰起义。1931年考入国立音专，作为正式选科生，随黄自学和声、对位及作曲，随俄裔钢琴家查哈罗夫学习钢琴。后任武昌艺术专科学校教员，明星影片公司音乐科科长。抗战爆发后，参加上海救亡演剧队第一队，后在重庆育才学校（为保证抗日救亡运动的有效推进，陶行知于

贺绿汀像

1937年7月在重庆创办育才学校，倡导与实施艺术教育，设立"音乐组"，开展艺术特修课程，并推广"艺术生活力"的观点，旨在培养具有"抗战和救国"才能的幼苗，提高学生的审美表现力和民族向心力）任教。皖南事变后，参加新四军，在军部和鲁迅艺术学院华中分院从事音乐创作和教学工作。1943年赴延安，任陕甘宁晋绥联防军政治部宣传队音乐教员，延安中央管弦乐团团长。1945年后在华北大学任教。解放战争时期，任华北文工团团长。1949年以后，贺绿汀任曾长期担任上海音乐学院院长、名誉院长，任中国文联第四届副主席，中国音乐家协会第二、三届副主席，第五、第六届全国政协常委，创办了上海音乐学院附中和附小。1999年4月27日在上海逝世。（根据贺绿汀生平整理而成）

受黄自主张民族化新音乐的音乐理念与教育思想的影响，贺绿汀将强烈民族性的音乐理念和教育思想融汇于此后的音乐创作与教育实践中，这也为他此后以音乐为终身事业、建立中国特色社会主义音乐高等专业教育体系和人才培养模式，打下了坚实的基础。

贺绿汀创作的音乐体裁广泛，艺术性强，并具有浓郁的民族风格和时代气息。据统计：他一生共创作了3部大合唱，24首合唱曲，近百首歌曲，6首钢琴曲，6首管弦乐曲，10多部电影音乐。我们（尤其是中国的小琴童们）熟悉的钢琴曲《牧童短笛》，就是他以民族音调创作成功的一部代表作。

1934年11月初，美籍俄裔作曲家、钢琴家齐尔品（Alexandre Tcherepnine，即车列浦宁，后被聘为国立音专名誉教员）为寻找东方音乐的创作素材，请校长萧友梅在国立音专举办了一场"征求有中国风味的钢琴曲"比赛，要求参赛的中国作曲家提交一首

"征求有中国风味的钢琴曲"比赛评委与获奖选手贺绿汀合影
（左一：黄自，右一：贺绿汀）

不超过 5 分钟时长、有民族风格的钢琴作品。这场比赛组织了一个五人评审委员会，对应征的作品进行评审，黄自被聘请为委员之一（其他四人为萧友梅、查哈罗夫、欧萨柯夫和齐尔品本人）。

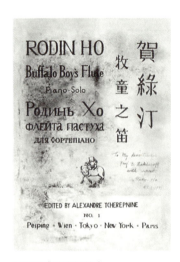

贺绿汀《牧童短笛》

贺绿汀以《牧童短笛》（获奖时作品名为《牧童之笛》）和《摇篮曲》两部作品，分获一等奖和名誉二等奖。这首以中国五声音调创作的钢琴作品，完美地结合了"对比性复调与舞曲性主调写作手法"，将"曾经的放牛娃的简单快乐，童年的山野之趣，骨子里的中国美学，在这首（笔者注：《牧童短笛》）钢琴曲中表现的淋漓尽致"。随后，这部用钢琴音乐描绘的中国山水田园音画，"迅速传播到日内瓦、维也纳及柏林，成为第一首登上国际舞台并常演不衰的中国钢琴作品"。也因此，这部作品在中国的西洋乐器（如钢琴、小提琴等）创作中，具有开拓性意义，至今仍是钢琴教学中的保留教材。这部作品更帮助贺绿汀树立起了音乐自信，而指引他前进方向的人，正是小他一岁的老师黄自。"所以他一直在感激黄自，就是因为这个道理，黄自认为他还是个人才，不能荒废了这个人才，一直给他鼓励。"（《贺绿汀传》作者，《文汇报》原副总编辑语）

江定仙

江定仙（1912—2000年）湖北武汉人。作曲家、理论家、音乐教育家，曾任中央音乐学院副院长、作曲系主任。黄自"四大弟子"之一。

江定仙出生于湖北省汉口市郊区硚口江家墩的一个知识分子家庭。自幼喜欢音乐，在武昌高师附小、附中和武汉中学读书的时候，受音乐老师启蒙，学会演奏铜笛、笛、箫、大鼓、小鼓、风琴等乐器，并与高年级同学共同组织过业余丝竹合奏。1928年，江定仙赴沪求学。他以李仲超的名字就读于上海艺术大学（1927年秋改组成立，黎锦晖任校务委员会主任，日常工作田汉主持。学校设有文学、音乐和美术三科）音乐系学习基本乐理、视唱练耳、歌曲作法、美学概论四门课程以及钢琴、小提琴，半年后转入上海美专音

江定仙像

乐系，继续学习钢琴、小提琴，并加修了和声学、唱歌两门课程。1930年，与同学陈田鹤一起，考入国立音专，师从黄自学习理论作曲，同时从吕维钿夫人及查哈罗夫学钢琴。毕业后，他担任过音乐编辑、乐团指挥、作曲和钢琴演奏。抗日战争爆发后，历任教育部音乐教育委员会编辑、湖北教育学院理论作曲与钢琴教授等职。1940年起，担任青木关国立音乐院作曲系教授兼系主任，在职期间曾热情支持进步音乐社团"山歌社"开展研究民歌和民族音乐的活动。新中国成立后，受聘为中央音乐学院作曲教授，历任作曲系主任、副院长。1979年被推选为中国音乐家协会常务理事。（根据江定仙生平整理而成）

　　江定仙在作曲上深有造诣。他的音乐创作主要集中在艺术歌曲、钢琴作品和交响乐作品，音乐体裁涉及独唱、合唱、独奏，以及交响诗、交响曲和电影音乐。20世纪30年代初，江定仙开启了音乐创作生涯。《挂挂红灯》《春光好》等作品被黄自选用在其编写的《复兴初级中学音乐教科书》里，《恋歌》《静境》等歌曲也刊发在《音乐杂志》上。电影插曲《新中华进行曲》（电影《生死同心》主题歌）和爱国歌曲《打杀汉奸》、合唱曲《为了祖国的缘故》等，曾广泛流传。其中艺术歌曲《岁月悠悠》（黄嘉谟词）是他艺术歌曲中知名度最高的一首。这首作品是江定仙从陕西省教育厅返沪后，继续回学校随黄自学作曲时创作的。作品旋律有着较强的民族特色，结构精致，较好地糅合了诗与音乐，表述了他对时光流逝的无限感慨。1993年被选为20世纪华人音乐经典曲目。

　　江定仙的钢琴创作题材涉猎较广，体裁形式多样。在1934年的"征求有中国风味的钢琴曲"比赛中，他的钢琴曲《摇篮曲》也得到了专家评委的认可，获二等奖殊荣。此后，他为四川民歌《康定情歌》所写的钢琴伴奏，钢琴曲《恩情》《十送红军主题变奏曲》等，在音乐的民族风格方面作了可贵的探索。

他的大型作品有交响诗《烟波江上》（又名《武汉随想曲》，1959）、交响曲《沧桑》。其作品手法洗练，风格质朴严谨，无论是和声调式的技法运用，还是作品旋律的风格呈现，都较好地承袭了黄自强调的，最大程度的体现作品的民族性。

江定仙曾在自传中回忆当年从黄自学习作曲的岁月，他满怀感激与怀念地说：

> 我的理论作曲完全受益于黄自老师。我跟他学过和声学、高级和声、和声分析、键盘和声、单对位法、复对位法、赋格、曲体学、曲体分析、乐器法、配器法等课程。他当时年轻，有才华，有理想。他讲的音乐史、音乐欣赏这两门课受到同学们的普遍欢迎。他把在美国所学到的一套正规音乐知识，生动地、无保留地传授给学生，同学们都很尊重他。
>
> 黄自的声乐作品《九一八》《花非花》《抗敌歌》《旗正飘飘》等，我在做学生的时候就非常喜欢。它们曲调简明，意味深厚。这

江定仙手稿《在死线上》（江定仙家属提供）

种深入浅出的风格，是艺术成熟的表现，很值得我们学习。他的借古喻今的清唱剧《长恨歌》在国立音专初演时，我和同学们都深受启发。特别是其中的《渔阳鼙鼓动地来》和《山在虚无缥缈间》两段，是他的爱国主义思想和民族风格创作成功的尝试，可以作为我们学习的范例。可惜他去世太早……在这里我再次向这位尊敬的老师致以哀悼之情！

陈田鹤

陈田鹤（1911—1955年）原名陈启东，浙江省永嘉人。作曲家、音乐教育家。黄自"四大弟子"之一。

1927年陈田鹤于浙江省立第十中学肄业，翌年考入缪天瑞在永嘉开办的温州私立艺术专科学校学习国画和音乐（理论作曲、钢琴）。1929年插班考入私立上海美术专科学校音乐系学习，因参加学生运动受影响，改名田鹤，于1930年考入国立音专，师从黄自学习理论作曲，深受其赏识，并得校方支持，可以不注册、不缴费在国立音专随堂听课。1932年后，陈田鹤先后在上海新华艺术专科学校、武昌艺术专科学校及山东省立剧院任教，抗日战争爆发后，他回到上海参加中国作曲者协会，从事抗战歌曲的创作。1940年起在青木关国立音乐院任教，后兼该院教务主任。中华人民共和国成立之初，转任福建音乐专科学校任教。后在中央歌舞团和中央歌剧舞

陈田鹤像

剧院从事音乐创作。（根据陈田鹤生平整理而成）

陈田鹤在国立音专学习时，即开始以音乐创作。他留下了近 200 首（部）音乐作品，体裁涉猎广泛，从独唱曲、合唱曲、歌剧、清唱剧到钢琴曲、管弦乐曲等，其中以声乐作品（包括为民歌和古代歌曲配伴奏的）比重最多。

陈田鹤作品《哀挽一位民族解放战士》曲谱

一般认为，在黄自"四大弟子"中，他的创作风格最接近于黄自，有学者评价"每一位对中国音乐有一定喜欢、认识的人都不会忘记他"。以艺术歌曲为例，他对歌词的选择相当严格，在创作过程中，重视从诗意内容出发，音乐随诗意的变化而变化。艺术歌曲《如梦令·谁伴明窗独坐》（〔宋〕向镐词）、《清平乐·春归何处》（〔宋〕黄庭坚词）、《江城子·西城杨柳弄春柔》（〔宋〕秦观词）、《山中》（徐志摩词）、《秋天的梦》（戴望舒词）等，风格优雅、抒情精致，较好地呈现了他的浪漫主义思想和诗人气质。1936、1937 连续两年出版了歌集《抒情歌曲集》《回忆集》，成绩斐然，成为黄自弟子中最早出版个人艺术歌曲集的作曲家。

　　受恩师黄自影响，以音乐为武器支持抗战的创作，也是陈田鹤声乐作品中很重要的一部分内容。"九一八"事变后，他创作了《认清敌人》（廖辅叔词）、《我们要夺回失去的地》（陈田鹤词）、《我们要振起精神》（廖辅叔词）等爱国歌曲；抗战时期，又创作了《八一三战歌》（廖辅叔词）、《保卫上海》（钱亦石词）等抗战歌曲，积极宣传抗战、鼓舞民众斗志。特别是他为鲁迅逝世而创作的《哀挽一位民族解放战士》（陈梅魂词，这是当时悼念鲁迅先生逝世的唯一一首艺术歌曲），表达亿万同胞要复仇、要争取抗战最后胜利的《巷战歌》（方之中词）流传甚广。陈田鹤还曾为上海战士捐募寒衣演出而创作了歌剧《桃花源》（阿英编剧），借历史题材荆轲刺秦王谱曲的两部同名歌剧《荆轲》（一部为王泊生编剧、陈田鹤作曲，另一部为顾毓秀编剧、梁秋实词、应尚能曲、陈田鹤配器），采用清唱剧形式创作反映民族气节的《河梁话别》（卢冀野词）等，表现中国人民不畏强暴、勇于反抗的斗争精神。

　　除爱国作品创作外，他为中、小学也创作了为数不少的歌曲并被列入教材，如《嫩芽》（伊令眉词）、《采桑曲》（古诗）、《燕子的歌》（伊令眉词）、《国耻献词》（君复词）等，向青少年介绍爱国、民主，爱劳动、爱科学等思想。

　　陈田鹤的钢琴音乐创作，也是早期中国钢琴作品民族化的有益探索。他的《序曲》在"征求中国风味钢琴曲"比赛中，同样脱颖而出，荣获二等奖。钢琴曲《血债》是一部表现战争主题的现实题材作品，反映了当时中国人民惨遭敌机轰炸的愤慨之情，具有积极的现实意义。整体而言，陈田鹤的音乐创作风格朴实，素材精炼，结构严谨，具有扎实的艺术功底，富有浓郁的民族色彩和鲜明的爱国思想，为中国近代音乐事业的发展做出了重要贡献。

刘雪庵

刘雪庵（1905—1985 年）四川（今重庆）铜梁人。作曲家、音乐教育家。黄自"四大弟子"之一。

刘雪庵像

刘雪庵自幼失去父母，受其兄长影响爱好音乐。1922 年入铜梁县县立高小任音乐教员。两年后，入成都私立美术专科学校学习钢琴、小提琴和作曲并学唱昆曲。1929 年入上海私立中华艺术大学（1925 年底，在陈望道、陈抱一、丁衍庸等教师支持下，由上海艺术大学的部分学生创建。该校不设校长，以校务委员会主持。1930 年中国左翼美术家联盟成立后的总部设在这里，是年停办）。1931 年考入国立音专，师从黄自学习理论作曲。1934 年起，刘雪庵先后在中央航空学校、上海音乐艺文社《音乐杂志》任教或作编辑。抗战时期创办抗战音乐刊物《战歌》。20 世纪 40 年代初，刘雪庵开始从事音乐教育工作。曾先后担任中央训练团音乐干部训练班、青木关国立音乐学院、国立社会教育学院（江苏师范学院、今苏州大学的前身之一）教授，《音乐月刊》主编。1949 年后，他先后担任苏南文化教育学院教授、系主任、教务主任、副院长，江苏师范学院艺术系教授、系主任，华东师范大学音乐系教授、系主任，中央音乐学院作曲系教授，中国音乐学院作曲系教授。（根据刘雪庵生平整理而成）

刘雪庵的音乐创作也是从创作抗战歌曲起步，如《出发》《前进曲》《前线去》（刘雪庵词），包括为抗战电影《中华儿女》《孤岛天堂》《保卫家乡》等所作的主题歌，都赢得了当时不少观众的喜爱。

刘雪庵曾汇编出版过国内最早一批抗日歌集——爱国歌曲集《前线去》（1932 年 4 月，石印）。全面抗战爆发后，他又联合恩师黄自、同门师兄弟和国立音专师生（江定仙、陈田鹤、谭小麟、廖辅叔等），继续发挥音乐武器的力量，成立中国作曲者协会，主持日常工作，并自费出资以协会名义创办主编音乐刊物《战歌》（共出刊 17 期。该刊物曾接受中国共产党在抗战初期组织的"上海文化界结果联合会"的领导），进一步以实际行动鼓舞全国民众团结一心、保家卫国。究其根源，以音乐为爱国利器的种子在国立音专就读期间就已深种。

同样，艺术歌曲写作也是刘雪庵承袭黄自音乐创作风格的一个重要体现，我们熟悉的《枫桥夜泊》（〔唐〕张继词）、《红豆词》（〔清〕曹雪芹词）、《追寻》（许建吾词）等都是他传唱较广的艺术歌曲代表作，旋律优美流畅、音域适中，风格典雅高洁、温柔敦厚，艺术韵味浓郁，居其宏教授评价"他的作品整体审美格调亦以清雅、精致著称"。他以唐代诗人李白游洛阳时作的七言绝句为词，创作的《春夜洛城闻笛》，被黄自推荐并联系唱片出版发行，获取版税，以减轻刘雪庵的生活负担。他在国立音专求学期间创作的歌曲《飘零的落花》《早乐行》《采莲谣》《菊花黄》和《布谷》《淮南民谣》《枫桥夜泊》也获得名誉教员齐尔品的高度评价，被分别推荐到东京、巴黎发行出版，钢琴作品《中国组曲》被介绍到欧美演奏，成为中国在国际音乐界影响较大的钢琴曲之一。

抗战期间，刘雪庵还创作了许多儿童歌曲。20 世纪 40 年代后，刘雪庵主要从事理论作曲的教学工作，致力于我国音乐艺术事业，以自己的耿耿忠心和辛勤劳动，培养了如洛辛、李劫夫、谭玉贞、程远鹏、吴昌、杨继涛、王宁宁、钟励余、姜成涛等一批优秀的专业音乐人才，创作了大量音乐艺术作品，丰富了中国民族音乐的宝库，为中国民族音乐文化的发展做出了宝贵贡献。

"三寸粉笔，三尺讲台系国运；一颗丹心，一生秉烛铸民魂。"黄自先生是一盏明灯，是一弯明月，照进了学生们的心中，照亮了他们的人生旅途，照亮了现代中国的音乐之路。

除了"四大弟子"之外，与黄自感情最笃深厚，关系最密切的，还有钱仁康与张定和二位先生。黄德音曾说：

> 凡是有人来向我了解黄自的师生情谊时，当时在理论作曲组就读的学生中，除了"四大弟子"外，我都要提及钱仁康和张定和两位。

钱仁康

在黄自的所有弟子中，对黄自研究最深，同时个人命运受黄自影响最大的，当属被称为"泰山北斗"的钱仁康。钱仁康从小爱好文学与音乐，中学毕业后本打算投考理科大学专供天文学或数学，机缘巧合，后学习了和声与钢琴，遇到了他的人生伯乐黄自。黄自在了解了他的音乐水平之后，特向学校申请，破例批准钱仁康参加理论作曲组的考试。1934年，钱仁康成为"没有经过国立音专的和声班学

钱仁康像

钱仁康上课照

习、主要凭自学就考入国立音专理论作曲组的第一人",这在招考要求十分严格的当时,是很难得的。入校后,钱仁康师从黄自学习主科理论作曲,副科钢琴、二胡。

在国立音专学习期间,钱仁康经常利用课余时间进行理论创作。入校第一年,他就以"金仕唐"的笔名翻译了奥伦(P. W. Orem)的《乐理与作曲》,两年后由中华书局出版。钱仁康擅长编曲、作曲,1936年6月,他在国立音专校刊发表了钢琴曲《歌剧》。1939年,应话剧导演蔡冰白的邀请,钱仁康为歌剧《江村三拍》谱曲,第二年两人又合作了第一部西洋歌剧《大地之歌》,并在上海兰心大戏院公演,由窦立勋导演、黄永熙指挥、上官云珠和乔奇等演出,其中《打渔》和《船歌》两首被收入2014年出版的《中国音乐作品百年典藏》。

钱仁康在国立音专共学习7年。1941年6月,钱仁康作为"考试成绩最优等生"从国立音专毕业，是国立音专第 9 届毕业生中唯一获此殊荣的。

1956 年全国院系调整时，钱仁康调入上海音乐学院任理论作曲系教授，兼任上海音乐出版社副总编辑。彼时贺绿汀为上海音乐学院院长，丁善德为上海音乐学院副院长、上海音乐出版社社长兼总编辑，两人都是钱仁康在国立音专的学长，并都曾师从黄自。

当时上海音乐学院师资紧张，钱仁康几乎教过所有的作曲技术理论课程，包括：和声、作曲、对位、赋格、曲式、配器法、乐器法，以及中外音乐史和音乐文学等。只要是没有人教的课，教务处就安排他来上课，俨然与当年黄自在国立音专的教学任务类似。陈聆群先生回忆：钱仁康对待学生态度亲和，始终以平等的姿态与学生交流，并说自己的这种行为来自于恩师黄自先生的影响。

张定和

另一位知名作曲家张定和也是黄自在国立音专的学生。张定和出身名门，12 岁时，便为四弟张宇和作词的《九如社社歌》谱曲，之后又为《乐益女子学校校歌》《趁着这黄昏》《春晓》等谱曲近 20 首。"九一八"事变后，他离开东吴附中，转学上海美专附中学习美术。张定和虽然选择了美校，但依然心系音乐，每周有一天专门从苏州赶来上海，跟黄自私人学习和声。最终，在 1933 年考入国立音专，师从黄自，主攻作曲理论。就

张定和像

读期间，黄自在学业和生活上，都给予了张定和极大帮助，为他此后取得的音乐成就打下了坚实基础。

毕业后，张定和主要从事音乐教育、创作工作。他与五弟张寰和联袂创作了《风萧萧》《抗战建国歌》《复仇歌》《江南梦》等六首宣传抗战的歌曲，为吴祖光编剧的《凤凰城》和《正气歌》、郭沫若编剧的《棠棣之花》及曹禺、顾一樵、余上沅、李健吾等人的剧本写音乐，共创作了100多首脍炙人口的抗日爱国歌曲及抒情艺术歌曲，其中，《凤凰城》的主题歌《流亡之歌》是他的成名作，而《江南梦》也成为抗战期间的流行歌曲。1945年2月6日，张定和在成都举行个人音乐会，叶圣陶先生也去听音乐会，并预言张定和"将来深造，必有大发展"。翌年8月22日，张定和在上海逸园举行个人作曲作品演奏会，当时上海《大公报》于8月19日出了一个特刊，他的四姐张充和亲自为刊头题字；三姐夫沈从文则在《大公报》文艺版发表《张定和是个音乐迷》。音乐界人士也纷纷为之撰文推介，戏剧家吴祖光撰文《写在演出前》，盛赞张定和先生的音乐作品是"美国的爵士音乐和欧洲的古典音乐以外的中国民族的音乐，富丽高华，悠然意远，但他的情感又是与我们如此贴近的"；张定和的同学、音乐学家钱仁康为此次演奏会作序，称赞张定和"能以西洋的作曲技术，表现我国音乐的特点"；恩师黄自遗孀汪颐年女士也撰文回忆了张定和在黄自门下求学的经历，称："张君定和，为先夫黄自先生及门弟子，昔就读时，每星期必由吴门来沪一次，研究乐理，其酷爱音乐，好学不倦，兹者时隔多年，学乃大成……"

张定和一生对黄自最是感激敬重。他临终前嘱咐女儿：抱了他的骨灰盒，先专程到上海，到上海音乐学院向黄自铜像鞠躬告别，并要女儿对铜像说，学生张定和来向您致谢和告别了。然后将他的骨灰洒入长江和嘉陵江里，也足见他们的师生之情。

音乐家许如辉的女儿许文霞也在她的文章《作曲家张定和素描》中写道：

张先生在谈吐中多次提到恩师黄自，评价很高，更对黄自1938年早逝而痛惜不已。我透

沈从文《张定和是个音乐迷》

露：1937年4月8日，黄自还在上海市电台讲解音乐。先生补充道：1940年后的重庆，尚有介绍黄自的消息。他还收藏有黄自的《长恨歌》曲谱。一听到《长恨歌》三个字，我接着说："1942年12月26日，在重庆曹家庵文化会堂，我父亲率领大同乐会中国国乐团，以弦乐三重奏的形式公开演奏过黄自的《长恨歌》（注：那场演出，大部分是许如辉的器乐作品。《长恨歌》演奏的高音部分是许如辉、张静波；中音部分是戴毅，俞良咸；低音部分是石茂庆、朱协中）。"张先生以肯定的口吻说："黄自和许如

辉都是坚守民族音乐创作方向的前辈。"

"新竹高于旧竹枝，全凭老干为扶持。"黄自先生用自己的真才实学和满腔热血得到了所有学生的赞美和敬重，无论是"四大弟子"还是钱仁康与张定和二位先生，都对黄自表达了极高的敬誉和尊重，他对音乐的独到见解深刻地影响了后代弟子，可以这样说，没有"一代宗师"黄自先生，就没有中国现代音乐的发展。黄自是中国现代音乐史上一颗璀璨耀眼的星星，闪耀着永不消失的光芒，照耀着后辈前行的方向。

第九章 陨落

自一九三五年开始到生命的凋零，黄自开启了个人生活的新时期，把全部业余时间放在编写《和声学》《音乐史》上。抗日战争打响，他们饱受战乱之苦。一场突如其来的疾病夺走了黄自年轻的生命，一代巨星就此陨落。他的早逝，是天妒英才，是他的家人和学生们巨大的悲伤，更是中国音乐界令人扼腕叹息的伤痛。

夙愿

　　1935 年 9 月，国立音专迁入江湾校区的新校舍。为了工作上的方便，同年冬天，黄自一家也从原来居住的金神父路（今瑞金二路）花园坊 115 号迁至学校新址附近的教员宿舍。这里地处郊外，远离市声，环境安静。黄自生前虽然只在这里住了两年光景，但是这在他个人生活上却是一个新的时期，即以专门从事音乐理论的研究和著述为中心的时期。从本年开始，黄自把全部工作之余的时间放在编写《和声学》《音乐史》，以及收集有关资料工作上。

黄自《西洋音乐史纲要》油印稿

　　黄德音教授提及：编写《和声学》与《音乐史》是黄自的夙愿。1929 年回国后，他"看到国内还没有音乐理论书籍，特别还没有自己的关于音乐史的书籍"，作为一个在学校多年担任和声学与音乐史这两科教学的教师，"感到授课无教本之难，学者无适当书读之苦"，因此早在 1934 年之前，他就打算要编写这两本书，且已做了一些"披拾材料，参考名著"的准备，只是"终觉才微识浅，不敢率尔操瓢"。到1934年，他终于下决心"想鼓着勇气试一下"，不仅将其列入计划，正式着手编写，而且还作了"不是一年中可以完成"的长期打算。迁至新居后，由于环境适于写作，他便更加抓紧了这方面的工作。直到生命弥留的时刻，他还念念不忘

陈洪像

《音乐史》一书的完成情况。他的心中始终怀揣着对中国音乐之路的期盼，拳拳赤子之心，令人动容。

　　黄自在国立音专任教前后共计九年，其中有七年时间还兼任教务主任，这七年间中，可以说他为了学校鞠躬尽瘁、死而后已。他与萧友梅等一起成功地将"国立音专"办成了当时最辉煌的高等专业音乐学府，学生的成绩是蒸蒸日上，他的弟子遍布全国。凡在他手里毕业的同学，无时无地不念着他的好处。这可以充分证明黄自教学的成功，但黄自计划想写的书，也因此迟迟未能动笔。

　　黄自在国立音专任教的第八年时（1937年秋），国立音专聘得陈洪（音乐教育家、音乐理论家、翻译家、作曲家，中国现代高等音乐教育的创立者之一。作曲理论教授，第三任教务主任）来校主持教务，黄自终于如愿，辞去了国立音专教务主任的职务，全力准备进行自己的学问研究工作和书籍编写工作。

　　黄自首先要完成的，是有意编写已久的《和声学》和《音乐史》两书。他开始写的是《音乐史》而不是《和声学》，因为《和声学》的书籍还有外文图书暂时可用，《音乐史》则暂付阙如，更

加紧迫。

1937 年，抗日战争全面爆发，随后日军攻占上海，上海沦为孤岛，即使在这样艰难困苦的环境中，他也没有忘记自己的工作，而是更加勤奋刻苦的投身于著书之中。黄自自教课之余，发愤著书，一面完成了《和声学》的初稿（三十八课），一面从事《音乐史》的编写。

黄自做学问的态度极为严肃，用功极勤，为了自己计划中撰写的《中国之古乐》一书，黄自在 1936 年完成了详细的写作大纲，还为了写作此书，查阅了《礼记》《乐经》《尔雅》等典籍，从中收集了有关我国古代的乐剧、乐律、乐论、乐器等方面的资料上千条；也专程去苏州搜集道教音乐，进行采风，在天后宫亲眼看了道士打醮，亲耳聆听了道士演奏的古老乐曲。黄自先生的治学就是如此严肃认真。

黄自和汪颐年带黄德音去苏州收集道教音乐

从 1937 年秋天起，到 1938 年 4 月 8 日发病止，黄自共搜集了历史资料 2 万余件（其中一部分还写了索引卡片），写成了重要音乐家的生卒年代表 7 页，世界史、本国史和音乐史的对照年表 10 页（至 15 世纪止），中文和外文的参考书目 4 页，以及《绪论》《古文化国之音乐》《最初之基督教音乐》《复调音乐之兴起与记谱理论之进步》《中世之俗乐与乐器》

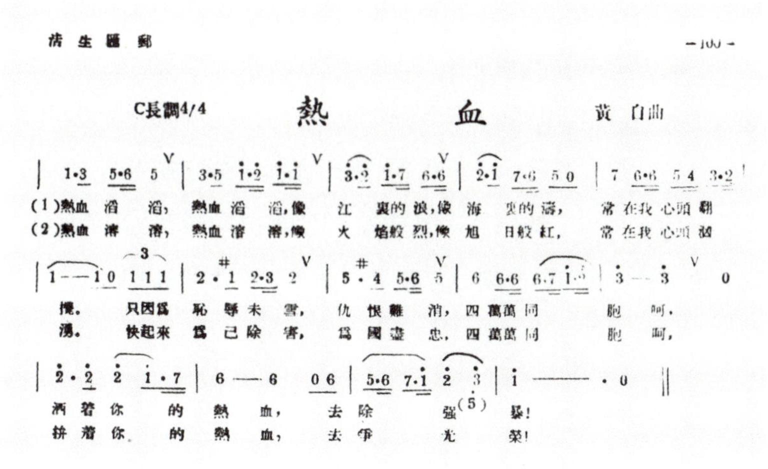

《热血》曲谱

《复调声乐之全盛》等六章，共134页的初稿，还不足黄自计划全书的五分之一。

从1937年到1938年因病去世的这一年多时间里，黄自只写了一首歌曲，就是吴宗海作词的《热血》（于1938年6月15日汉口出版的《战歌》第十期上首次发表）。他曾经说过：“现在我写抗战歌曲，希望不久再能写庆祝抗战胜利的歌曲。”但他没有能实现这一心愿，抗战之初，他便无奈却又匆匆地离开了人世，留下众多没有完成的心愿，而《热血》也就成了他的绝唱。

本校抗日救國會捐欵題名錄（截至九月三十日收到捐款者如下：）

教職員之部		應尚能	五元
沈仲俊	十元	蕭友梅	二十元
俞成之	十元	廖輔叔	五元
黃自	十元	沈仲祺	二元
楊仲華	二元	李典業	三元
學生之部			
夏瑞敏	二元	夏瑞琪	二元
黃梅貞	五元	王大樂	二元
蕭嘉惠	五元	董琬恂	二元
胡志清	五元	李猷敏	五元
陳容馨	二元	常文彬	五元
勞冰心	十元	譚翠薇	二元
劉慧嫻	二元	沈珍喬	二元
周貞	二元	周彤	二元
蔣志里	二元	馬美珠	二元

[illegible]	二元	袁迅宜	五元
朱耀潞	二元	張恢賢	五元
金潤之	拾元	陳光潤	二十元
陳田鶴	二元	胡靜翔	十元
周遇春	二元	陳又新	五元
梁定佳	五元	江文光	二元
戴粹倫	五元	徐錫綿	五元
王春元	二元	劉道佐	五元
喻宜萱	五元	劉雪盦	二元
陸素珊	十元	曹秀貞	二元
夏國瓊	五元	朱純一	二元
丁善德	二元	韋文蕙	二元

日前開抗日救國大會教職員學生中頗多未參加者茲由大會議決，每人至少應納捐二元（多多益善）會費六角并此附告

国立音专抗日救国会捐款题名录

黄自为人正直、

谦虚，没有所谓"学者""作曲家"的架子，因此，他在国立音专工作期间，同事关系和师生关系都相当不错。对于学生，他在学习上要求很严格，但是从不斥责学生，总是耐心细致地加以引导，所以学生们都很尊敬他、爱戴他，乐于和他亲近。在生活上，学生如果有什么困难，他总是尽力帮助，还经常用自己的薪金替学生缴学费。此外，各种爱国行为和进步活动，黄自也都积极参与。

战火

1937 年日本帝国主义制造卢沟桥事变，侵占平津以后，又准备对上海发动大规模进攻。在"八·一三"事变爆发前，日本海军已有扩大战争的准备，当时，日本兵经常在虹口一带挑衅寻事，每次出事，虹口就要封锁戒严。只要一封锁一戒严，黄自家所在的市京路就和市区完全被隔绝起来。在那种形势下，少数人住在荒凉的郊外是很危险的，所以每次在听到封锁戒严的消息后，黄自一家就会立即带些随身衣物以及他最重要的稿件赶回市区搬回金神父路花园坊的旧址，和他的父母、弟妹同住。而每次逃进市区时，总要怀疑是否还能回到市京路的住所。但都是过不了几天就又开放了。就这样来回了两次，到第三次时，战争的阴云已经彻底降临，上海的气氛比过去要紧张得多，所有人都在向"租界"逃难，于是黄自便急急忙忙地把所有能搬运的书稿、部分家具等都尽量搬入市区，还没搬完就正式封锁了，第二天，日本兵便进入大场了。这以后，黄自一家就再也没回到市京路，那里的房子连同未能赶运出来的杂物家具全毁于炮火。

花园坊的住所面积狭小，黄自全家都挤在堆满家具的房子里（有些物品不得不寄放到家中较为宽敞的亲戚家里），卧室就成了他的工作室，写字桌旁除了书柜外还加上了小孩的睡床。就在这种动乱不安的情况下，黄自还是全力以赴地赶写《和声学》与《音乐史》这两本著作。并且经常工作到深夜，只是心情差了，谈笑少了，更沉闷了。

淞沪会战打响后，国立音专原校舍正居于第一火线区，师生们慌忙抢救图书乐谱，挤进公共租界（原英租界）爱文义路临时租来的一家狭小的房舍之中。四行仓库孤军抵抗时，国立音专师生还缝募丝绵背心寒衣送前线士兵，直到11月12日上海落入敌手，租界成为孤岛，在这种艰难的坏境下，黄自依然坚持为作曲学生指导。

"八·一三"后，上海沦为孤岛，国立音专师生纷纷去后方工作，当时的左翼文化界也一再动员黄自去大后方参加抗战音乐工作。就在这时又传来风声，说是日本特务要对住在租界的一批知名爱国人士进行迫害，黄自因坚持创作爱国抗日歌曲，特别是所作《抗敌歌》从1931年以来一直广为传唱，影响很大，也上了黑名单，随时有被秘密逮捕的危险。在那个危险的年代中，他这样做无疑是在引火烧身。可是为了自己热爱的音乐事业，为了唤起百姓们抗日的激情，为了守护这片华夏土地，他没有低下那高贵的身躯。"他的家人和亲友都劝他走为上策，他自己也有意到大后方为抗战音乐做点实际工作；首选之地则是他的学生江定仙、刘雪庵都在的、战时歌咏运动中心武汉。"

戴鹏海教授在《永远的黄自》一文中提到：尽管家人和亲友都劝黄自一个人先走，但黄自是一家之主，当时他父母尚健在，且均已年过五十，还有三个孩子，最小的只有九个月，尚在襁褓，因此，黄自也不肯丢下一家老小先走；但拖家带口一起走，路费又难以筹措，当时国立音专已停止发薪，而黄自又无甚积蓄，为此他一直举棋不定。同时他以为抗战会速战速决，想着再等一段时间再说。正当他感到左右为难而踌躇不决时，一场并非不治之症的疾病却突然袭来。

病痛

1938 年 4 月 8 日，他突患疾病，送入上海红十字会医院治疗。诊断结果是伤寒症，虽然刚进医院时体温较高，但病还不太严重，一周后病情便有好转，和前来探视的亲友等交谈时已有说有笑，一如常人。

不料进院后的第三个星期，黄自却开始肠出血，病势突然转危。黄自的亲友、学生闻讯纷纷赶来探病，但医治一直无效。这无疑是一场晴天霹雳，一代英才的光芒就此陨落。

5 月 8 日深夜，黄自突然出现大量肠出血，进入垂危状态。得

黄自家庭照

知病危的黄自急需输血，国立音专的学生劳景贤、伍正谦、李蕙芳、窦立勋、王家恩等人在教务主任陈洪的率领下，抄小路连奔带跑赶到医院，黄自的姑母冰佩女士也赶到医院，所有人争着伸出手臂请求医生从速输血救人。但是一切都晚了，来不及了。

1938 年 5 月 9 日早上 7 点 37 分，一代音乐宗师黄自溘然长逝。临终前，黄自只对他的夫人汪颐年说了一句："你快去请医生来，我不能就此死去，还有半部音乐史没有写完呢……"再也没有留下任何遗言。黄自先生直到生命的最后一刻也不忘自己手中没有完成的音乐史。

这时距离他 34 岁的生日才过了不到一个半月。天妒英才，巨星陨落，令人扼腕叹息！

哀悼

1938 年 5 月 10 日下午两点，黄自先生的遗体在上海海格路中国殡仪馆大殓，国立音专全体师生前往祭吊。苏石林（Vladimir Grigorievichi Shushlin，被誉为"中国声乐教育的奠基者"、男低音、俄籍声乐表演艺术家、教育家，国立音专教师）独唱了法国作曲家古诺（harles Francois Gounod）的《圣母颂》，然后全体同学合唱赞美诗《上帝，我靠近你》，黄自生前创办的上海管弦乐团演奏了肖邦的《葬礼进行曲》，全场无不泣下。

会后，陈田鹤怀着极其悲痛的心情给另外三位同学贺绿汀、江定仙、刘雪庵写了一封信，表达自己的哀思。悲伤之情，溢于言表，仍能感动数十年后的我们：

> 定仙、雪庵、绿汀诸兄：
>
> 刚从中国殡仪馆回来，我的头很沉重，眼前浮现着黄师苍白的遗容与无数双润湿的眼睛，我恨不能现在跟你们抱头痛哭一场！据云：黄师的母亲曾恸绝倒地，黄师母痛不欲生，这悲哀是他们的，也是我们的，也是全中国音乐界的，我们以后永远不能再听见那样有远见的诚恳的谈话了！今后二三十年间中国的音乐界失了轴心，老天爷竟残忍地将尚在壮龄的黄师带走，一任这贫弱的园地荒芜了。呜呼！黄师！其对乐艺之忠诚，能不令人感泣！据黄师母说，黄师在病中每于同学往谒之后，即独自低声

哭泣；我们怎样才能报答黄师爱护我们之情的万一呢！

今天跟师友们谈了一下拟于最近集黄师家属及师友们组织一纪念委员会，纪念的工作分为举办纪念音乐会；编印纪念册；整理遗著并出版；及募集纪念奖学金等项，在汉诸同学的纪念文字及乐曲请兄等收集寄来，为荷。

带着忧戚的面容，苏士林先生唱着Ave Maria，我们含泪合唱Nearer，My God，to Thee，肖邦的《葬礼进行曲》更击痛每个人的心弦，我只感到空虚，寂寥，像走进了一个荒凉的世界，我恨不能跟你们同声一哭！祝安好。

弟　启东，五月十日。

黄自离世的噩耗震惊了音乐界，他还如此年轻，他的生命还有大好年华，他的人生还大有可为，可是却永远定格在了他35岁这一年。所有人都为这样一位德艺双馨、才华横溢的作曲家和音乐教育家的英年早逝而深感惋惜，黄自的亲友和学生更是悲痛万分。上海、汉口、长沙、重庆、延安等地，都先后举行了黄自的追悼活动。

抗战初期，武汉一度成为全国的政治文化中心，聚集了大量的文艺界人士，此时，黄自的四大弟子中，除陈田鹤留在上海，贺绿汀、江定仙、刘雪庵均在武汉，国立音专师生在武汉者也为数众多。因此，在武汉的黄自追悼会最为隆重。

1938年5月24日下午4时，武汉五族街青年会大礼堂举行黄自的哀悼活动。参加哀悼会的人员有黄自的堂叔父黄炎培和同学罗隆基、教育部长陈立夫、次长顾树森，"三厅"艺术宣传处田汉处长，其他人员有国立音专师生和社会各界文化名人田汉、冼星海、张曙、王云阶、刘雪庵、贺绿汀、江定仙、吴乐懿、巫一舟、黄仁霖、丰子恺、肖而化、廖辅叔、周小燕、成（陈）家榴、胡投、陈叔昂、王云阶、郑用之、罗静予、潘光迥、施鼎莹、林路、华文宪等；参加哀悼会的团体有清华同学会、武昌艺专、怒潮乐社、武汉合唱团、海星歌咏队、前锋歌咏队、蚁社歌咏队等，共三百余人参加了这次悼念活动。

礼堂正中是黄自遗像，两旁和周围是黄自亲友和各团体送的挽联花圈。黄自的学生刘雪庵撰写的挽联写道：

仇不报，恨难消，痛抚哀弦期后嗣，

家可破，国需保，誓复失土告先生。

在严肃凄婉的哀乐声中，由周小燕、成（陈）家榴二女士献花后，追悼会主席华文宪（作曲家。曾就读国立音专，主科声乐，师从周淑安、苏石林；副科钢琴；同时随萧友梅等名师学习作曲与指挥）便报告追悼意义和筹备经过，他说在最近还拟举行一个扩大追悼会，希望歌咏界各同人予以帮助。

之后是家属代表黄炎培介绍黄自的生平，讲到黄自过往的经历时，黄炎培悲痛难忍，泣不成声。随后，顾树森从教育立场上说明黄自先生在音乐上的天才和成就，罗隆基因为是黄自就读清华时的挚友，报告他的生平更详细，又重新把黄自先生温和柔雅的性格活现在听众面前。

田汉作为当时国共合作的军委会政治部第三厅的代表在会上发表演说，称"黄自是最有青年气的音乐家，他学习音乐的动机是为民族国家"。黄自的去世，是音乐界的重大损失。之后，他特别说明两点：

第一，天才和环境的关系：一个天才的成就有他的条件，中国的各种天才很多，但所成就的只是个别的，偶然的，不是普遍的。今天的抗战正是我们中华民族天才的儿女找寻发展的机会；第二，工作与团结的问题：目前歌咏界还有许多缺点，主要的是团结的不够，这是我敢对音乐界一个不客气的迫切要求，……应该不分派别和感情，为着一个目标奋斗，才是今天追悼黄自先生的意义。

六点钟开始演奏黄自先生的遗作，在悲恸的低吼声中，追悼会结束。

1938年5月26日的《生活日报》第四版，汇集了黄自的遗像、手稿和一些黄自亲友所作的纪念文章、歌曲、挽联，出版了一期"黄自先生纪念"专号，以此悼念黄自先生，沈恩孚（辛亥革命后曾任江苏都督府民政次长、江苏省公署秘书长。与黄炎培等发起创立中华职业教育社）为刊头题字。内容包括：黄组方、黄长风所作《胞兄今吾先生行述》，周遇春（声乐表演艺术家，曾就读国立音专，1938年6月选科声乐高级修毕，成绩优等）所作《黄自先生与中国音乐》，陈洪所作《伤感》，沈仲俊（国立音专第二任事务主任，曾任上海法租界华人教育处主任）所作《悼黄自先生》，谭小麟所作《悼黄

黄自先生纪念专号（《生活日报》1938年5月26日版）

自先生》，吴樾荫（曾就读国立音专，学习声乐）所作《追悼黄自先生》，曹天漫（曾就读国立音专，学习琵琶）所作《先生，你竟去了！》，朱英所作挽联，何其超（曾就读国立音专，学习理论作曲，1941 年 6 月师范专修科毕业，成绩优等）所作《哀黄自先生》，黄自先生之手稿，黄自先生最后之遗像，陈田鹤所作《通讯》。现将其中悼念黄自的文字收录如下：

黄组方、黄长风《胞兄今吾先生行述》：

> 兄讳自，字今吾，生周岁，母教以歌，寻能背诵。始在始在髫龀，见鼓琴，归而列筹为键，按指歌之。清宣统三年（1911 年），入上海初级小学，继转学浦东中学附属小学，1916 年，负笈北京（平）清华学校，年 17，始受钢琴于何林一夫人门下。逾年治和声，嗜好倍之，暇时对观琴书，简练揣摩，辄忘寝食。1924 年秋，渡美入欧柏林大学（Oberlin College），攻心理学。欧校以音乐院名于时，兄习闻繁弦雅韵，激起其爱好音乐之天性：遂于 1926 年受文学士后，留斯校续习理论作曲、钢琴诸学。又二年，转学耶鲁大学音乐院（Yale School of Music）。1929 年，以交响乐《怀旧曲》（In Memoriam）中选，膺音乐学士位，昔年 25。
>
> 兄天资颖慧，勤学不倦；在学十又八载，课业冠齐辈，欧校毕业，以学行并茂，被选法培德嘉派学会（Phi Beta Kappa）会员。
>
> 1929 年夏，欧游返国，教授沪江大学及国立音乐专科学校。翌岁专任音专教职，兼长教务。兄于音教推行，弥具热忱：历任教育部音乐教育委员会委员，音乐教材

编订委员会委员，上海工部局音乐委员，及上海管弦乐团团长。

兄生平度曲甚多；已刊者，爱国合唱集，春思曲及复兴初中音乐等若干种。怀旧曲，规模最大，具薤露蒿里之体，神过天随，闻者恻然。曾由美新港城管弦乐队（New Haven Symphony Orchestra），及上海工部局管弦乐队先后演奏；中外听众，莫不击节称赏，诩为神解。

12年来，兄志在编著《和声学》及《音乐史》二书。后者致力尤多：曾撰上古以来乐人传之。藤枕群书，旁搜远绍，集史实两万余件，用为撰纂张本；去秋着手，十阅月中，仅成年表，参考书目各一卷，正文六章，止于复调音乐全盛期间之中叶，都134页，未及全书1/15，为念来续，悲不能已。《和声学》初稿已竟，凡38课。

兄温而重气静，穆而志毅果。皎然有古君子之风；蔼蔼可亲，待人挚厚，含殓之日，戚友学生学生来吊者，感动悼哀泣。

兄生清光绪三十年二月七日（1904年3月23日）。1938年4月8日病伤寒，后三来复，病况好转；继以肠出血殁于上海红十字会医院。实1938年5月9日上午7时30分也，存年34。遗子一，名德音七岁；女二：长惠音，四岁；幼祖庚，生甫九月。夫人吴系汪颐年女士。

1938年5月15日

周遇春《黄自先生与中国音乐》：

黄先生是个音乐革命家，也就是个音乐界中的先知先觉者，他对于中国的音乐有彻底改革的决心，所以他竭力提倡民族性的音乐。他虽是个标准的西洋音乐家，可是他并不主张把西洋音乐完全搬到中国来，他常常提出中国音乐应走的道路，他的结论就是中国应有中国性的音乐。他最崇拜的是俄国民族主义的作曲家，如莫沙尔斯基（Mussorski）、林斯基可萨可夫（Rimsky Korsakow）等，这几位作曲家是用西洋作曲法产生他们的俄国音乐，现在的俄国音乐能这样发扬光大，驾乎各国之上，都是那几位民族音乐所缔造成功的。黄先生希望中国也要有这样的作曲家，同时他也向那目标迈进，使中国音乐独树一帜，所谓保持民族精神，这是黄先生最重要的主张。

黄先生最提倡民歌式的歌曲，他教学生总以民歌为主，因为中国的大众对于高深的音乐不甚了解，民歌式的歌曲最能适合大众的欣赏，而中国正缺少那种歌曲，外国的民歌固然很多，可是不能尽合中国人的口味，现在虽有许多翻译和填词（指中国歌词并不照原歌翻译的）的歌曲，因语言的原质相差太远，格格不入调，所以黄先生反对那种非驴非马的歌曲，要自己创造的民歌，他劝作曲家尽量多作些民歌，要普及音乐教育，非有多量的民歌不可。所以他以身作则，领导了几位作曲家编了一部初中音乐教科书，这部的音乐教科书是空前巨著，我们再找不出第二部中国人自己作曲的音乐教科书，他这样的伟绩，值得在音乐史上大书特书了。

黄先生对于目前的音乐教育制度也不满意，他的意见以为中国只设立了一个音乐专科学校，是不能普及音乐教育的，而且这个学校的编制和程度和外国的音乐院一样，所以是造就专门人才的学校，并不是普及音乐教育的师资训练所。一个学生进了这所音乐专科学校，要继续不断地下七八年的苦功才能毕业，他已经是个专家了，叫做普及音乐教育的工作，似乎大材小用，于心不愿，故反不如私立艺术学校和国立大学音乐系的毕业生能受人欢迎；况且各人的天赋和经济的环境各有不同，这样长的时间和这样高的程度，是否能使个个能修了毕业，却是疑问。所以黄先生主张把中国割成几个音乐区，每区设立一个音乐师资训练学校，现在的音乐专科学校专门造就专家，这种人才有两种工作：就是从事高深音乐的工作（如乐队等）和训练师资的干部，同时把各区中的优秀人才，送到音乐专科学校来受高深教育，这样可以集天下英才而作育之，可使全国平均发展。音乐教育也可以普及了。

以上三点是黄先生最重要的主张，同时也是他努力的最高目标，确是对症下药，为中国音乐运动最重要的领导者，奈天下不假年，竟将如是年轻的志士夺去，真是惨绝人寰，但黄先生之灵魂虽已归天，而他的精神犹在人间，我们应该照他的主张继续努力，完成他的未竟遗志，这样才可以慰黄先生在天之灵。

陈洪《伤感》：

（一）我见过许多人的死，但觉得都不像黄自先生死得悲哀。也许因为是"同路人"，所以格外容易惹起伤感.但客观的事实告诉我们：

他正在35岁的壮年，身体平素不算坏；

他的品学兼优，而在事业的发展上，他正在一个最有为的阶级；

他的许多工作都尚未完成，正在努力完成之中；

他绝不厌世，并且生的意志很强，他曾经竭力抗拒死，希望再度抓住生，以完成他的工作；

同时我们正在萌芽的新乐坛，也正殷待着他的灌溉和栽培。

有这许多理由，他简直是不应死，不能死，不必死，不可死！然而他竟死了！

所以我们觉得黄先生的死，实在令人太难于接受了！

在郊原上，我们曾为中折的柱石而悒悒；静夜里，我们曾为陨落的流星而怆神。这些象征的悲哀，都由于黄先生的死，在我们眼前现实化了，人间化了！

（二）黄先生的死，据说有几分——倘若不是完全——是由于医术的错误，恶魔似的医院和医生，有时竟令最豁达的胸襟，也难免为之发生痛恶和愤恨的感情。

病人一进医院，不再被当做一个人看待，他不过是一个"号头"而已。在若干个"号头"当中每天总应该有几分之几进殓房，这是极平常和天然的事情。

那一天要轮到那些"号头"？谁也没有把握，和开彩票一样。

五月九日轮到了黄先生，自然也是很平常的事情，我们无话可说。但关于五月八日夜里的一幕，我们似乎不便轻轻放下不提。

那天夜里，病人出血不止，可是医院里看不见医生的影子！病人自己很焦急，便使黄夫人去找医生，求医生救活他的命，他不能这样便死去，因为有许多工作在等候着他。

在医生的宿舍里，黄夫人找到了安眠在床上的医生，但结果她挨了一顿骂，因为她"太不懂规矩"，在他休息的时间去骚扰他。他说：难道做医生白天办了整天的公，夜里还不能够休息一会吗！……于是他继续休息着，病人的血继续流着。

鸡鸣了，天亮了，人还没有死，血却流完了。日班的医生来了，夜班医生的责任便转到了他的身上。

但人已经快要死了，并且来不及救急了，日班医生自然也负不了这个责任。

但责任根本便不成问题，各安天命的生死契约早就签好，如果要根究责任，责任结果便落在死人的身上！

医院里从来不死人，不过勾销一些"号头"！

医生也没有罪过，为了他合法的休息！

（三）我幻想着他临终时那柔弱的心灵，和"Death and the Maiden"的处女的心灵一样真纯的心灵！

他不愿一切，他只愿意生，他求人家准许他生！

他只愿意生，生胜于一切，生也便是一切！

他愿意生，然而无情的死拦住了生的路！

死显示了它的残暴的威力！……

（四）他没有成立纸上的遗嘱。

他有许多书，死的几天前，他嘱把所有的书捐出来。此外，他的音容将长久镂在友朋们的记忆里；他的工作将长久影响着中国的音乐文化；这是无可疑的事。

（五）最后，我们太悲哀了！似乎还应该有一点比较乐天的想象，我们便想起了Spin oza：—— 既有那不可避免的生，便须有那不可避免的死；既有那不可避免的意外的生，便须有那不可避免的意外的死；既有那不可避免的人世的欢乐，便须有那不可避免的人世的惨痛。

宽弛一下子我们的紧张的心弦，让我们姑且接受这个"不可避免"论吧！

沈仲俊《悼黄自先生》：

黄自先生，字今吾，名教育家任之先生之令侄也；卒业于美国耶鲁大学，精娴乐理，以作曲鸣于时，于理论作曲和声领略等学。靡所弗工，学子之负笈千里望风来观者，无虑千百人，门墙之盛，几有"一日声名遍天下，满城桃李属春官"之概。

予识先生之始，在1929年秋。维时予应聘国立音专事务主任，先生方掌教沪江大音乐，未几亦继予入音专，兼任理论教员，1930年8月，先生改任教务主任，由是接触渐频，情愫亦日以密尔。

先生潇洒恂达，温雅而蕴藉，居恒持躬以慎，不苟言笑；其诲人也，辄一反其常态，劳心谆谆，不惮繁琐，盖先生不独名重艺林，抑且贤着杏坛者也。

先生沉酣乐籍，著作等身，早为识者推崇；著有交响乐前奏曲声乐曲独唱曲合唱曲长恨歌春思曲玫瑰三愿旗正飘飘诸曲，皆能匠心独运，自成机杼，而尤以春思曲为杰出佳构，内含《春思》，《思乡》，《玫瑰花》三首歌乐，悱恻哀绝，悠然意远，是以一篇风行。万人传诵，盛誉之来，非偶然也。

1935年秋，予长法租界喇格纳小学，而市中心区之音专新校舍亦适告落成；向之谊切兰茝，昕夕聚首者，至是遂长为参商，音讯间隔，丁兹国难，教育益臻重要，彼莘莘学子，仰赖于先生之陶成者，至殷且切，意者先生挥尘绛帐，造就正闳，不谓噩耗传来，竟于月之九日以伤寒症病逝于海格路之红十字会医院，罡风遽起，泉台莫晚，从兹人天永隔，时露宿草之感，音容具杳。陡切班牙之痛。哀哉！

谭小麟《悼黄自先生》(龙榆生词)：

俄然梦觉何曾死，声在琴弦。

人在心弦。一曲悲歌万口传。

惟怜志业捐中道，待究陈编。

未竟新编。留得芳菲启后贤。

吴樾荫《追悼黄自先生》：

云暗花凋去路遥，伤心五月恨难消。

纵然弦管音凄绝，万古人歌旗正飘。

子规声怨潜成泪，血若乾时定是灰。

如此江山空暮雨，有谁制曲振风雷。

曹天漫《先生，你竟去了！》：

荒荒曙光刚破晓，

凉风横来簌春潮，

小鸟犹未出巢呀！

先生，

你竟去了！

依旧处处旗正飘，

依旧声声马长啸，

海上依然孤岛呀！

先生，

你竟去了？

我欲驾着万里雾，

拦住导师西天路，

到底你往何处去！

许否，

归来一晤？

仿佛是那般微笑，

柔声隐约耳边绕，

"去了，

去了，我是远离而去了！"

先生，你竟去了！

朱英《挽联》：

五线谱新声 千秋怀旧曲

旗正飘飘扬宇内 音常裊裊在人间

朱英敬挽

何其超《哀黄自先生》：

无情的命运，终于将我们一向最敬爱的黄自先生夺去了！

先生寿终才有 34 岁。就算他是个平常人，这样年纪已经够可痛惜的了，何况他是一位全中国有数的音乐家，更何况他的艺术和学问曾经发表的还没有十分之一呢？

黄自先生在音乐界岂止是作曲家，他还是个学者，更要紧的，他是全中国唯一的音乐教育家。他的器乐大曲姑置不论，且说独唱与合唱曲，如《玫瑰三愿》和《旗正飘飘》等，有的优美，有的悲壮，把人间的至情用最美的音乐尽量的发挥出来，结构是那般的谨严，词曲是那般的吻合，设非精通西洋作曲而同时了解本国诗词，绝不会有如此的造诣的。

他回国十年来，任教于全国最高音乐学府直至于今。到校不久就任教务主任，备受全体师生的爱戴，每个人他都看作朋友，这种尽人皆知的事不必细说。他教授理论作曲系的主科课程以及全校必修科的和声学，领略法，音乐史三门。要讲他是怎样好的教师，应该先观察他是怎样好的学者。当他在美国欧柏林音乐院时，他曾每天去该院图书馆看书，笔记。他那样的勤学而又谦和，后来图书管理员情愿把晚班的工作让给黄先生，从此他看书自然更多，其学识的博大精深自非幸至的。再看黄先生的藏书和乐谱，没有一本不经过分析的评注的，更可见其用心之苦了。由于他的渊博的学问和优良的教法，他循循善诱的感化了所有的学生。他的责任心是大到他认为学生不懂就是先生不好，每一个难问题一定要多方解答至大悟而后止。他非常耐烦，从不讨厌人家发问。他老是那样的谦虚，诚热而亲爱的。谁见过他发脾气？实在，他用不着发脾气，因为他的榜样和热诚已远够感人而有余了。

黄先生是公认的谈锋很健的，但是据我看来，却有两种话他简直没说过，那便是他自己的长处和别人的短处。关于他的学历和事业，除非人问到他，是很少提起的。他更不喜欢发表什么个人的计划，只是一个苦干的学者。有一次黄夫人对同学说，"黄先生比你们还要用功呢！"我们听了觉得何等惭愧啊！

总之，作为音乐家的黄自先生，不只是作曲家，而且兼尽了学者，教育者和青年的模范，简直是个现代中国的完人！他的死，是受业的损失，是中国音乐的损失；是中国音乐的损失；他死得这样早 —— 只有 34 岁，尤其是人类文化的损失！

追悼会后，贺绿汀在 1938 年 6 月的《战歌》上发表文章《哀悼我们唯一导师黄自先生》：

正当南北战场炮火连天的时候，正当整个中华民族为了自己的生死存亡在和残暴的敌人决死战的时候，我们音乐文化运动的领导者黄自在上海悄悄地逝世了。黄自先生的死不但使我国音乐文化遭受莫大的打击，我们这些站在抗战歌咏运动最前线的战士们也没有一个不伤心，好像失了重心似的，感到莫名的空虚。

黄自先生毕业于美国欧柏林音乐院及耶鲁大学音乐院，是中国留外（作曲）学生中获得音乐学士学位的第一人；他的作品在美国演奏，得到美国音乐界的好评。先生回国后，先后任沪江大学音乐系教授及国立音乐专科学校教务主任兼理论作曲教授，埋头努力造就新中国音乐人才。唯一的国立音乐专科学校，能有今日的成绩，实与先生功绩不可分，目前中国各地之音乐指导者、作曲者、歌咏运动者，莫不直接或间接受先生之指导。先生除了教学以外，复为商务编著《复兴音乐教科书》，主编《乐艺》杂志、《音乐杂志》，任上海工部局音乐委员会、教育部音乐教育委员会、中央文化设计委员会委员。为了努力音乐文化的建设，先生不能留出多余的时间来从事创作，作品产量虽不多，但已充分发挥了他卓绝的天才、精深的技术与伟大的人格，使幼稚的中国音乐步入一新的阶段，奠定了新中国音乐的基础；而先生所作爱国合唱歌曲，尤能发挥我伟大民族之精神。

先生已矣。自由幸福的新中国正在抗战中一步步建立起来，而我尽瘁音乐文化的黄自先生已与世长辞矣！我们应该继承先生的精神，在抗战中发挥我们更大的力量，去动员四万万五千万同胞为民族生存而抗战，更须继承先生的遗志，建立起新中国的音乐，使她在世界乐坛上放出灿烂的光辉。

1938 年 7 月 9 日，上海的黄自纪念委员会在八仙桥青年会举行追悼会，黄自的家属、亲友、同事、学生等数百人参加了这次悼念活动。黄自夫人汪颐年报告了黄自的生平，黄自的学生张昊在讲话中谈到黄自"在其患致命之疾的数星期前，尚表示将在其音乐史与和声学脱稿之后，计划多写浅易的民歌"。悼念活动的第二部分由国立音专学生蔡绍序、斯义桂、刘玛丽等演唱黄自遗作，最后以国立音专学生组成的乐队伴奏的《长恨歌》作结。

在哀悼黄自的追思会中，音专学生根据安魂曲形式创作的混声四部合唱曲《悼今吾宗师》（张昊词、陈田鹤曲），表达了他们对恩师的衷心哀悼："先生此去何匆匆，抛下了半篇残著，无数新声犹待谱，满腔曲调埋终古。"

因战时交通和通讯不畅，身在鲁艺（全称鲁迅艺术学院，是中国共产党历史上第一所培养马列主义文艺干部的学校。该院音乐系主任吕骥、冼星海、向隅，以及在音乐系任教的、

《悼今吾宗师》手稿（陈田鹤家属提供）

包括华中鲁艺的大部分主干教师，如唐荣枚、杜矢甲、李焕之、张贞黻、李元庆、寄明、贺绿汀、何士德、孟波等，均为拥有革命斗争精神和家国情怀的国立音专学生，大部分也都曾选过黄自的课）未能第一时间得知恩师黄自逝世消息的音专学生，也纷纷刊诗作曲、编辑特刊，以寄托哀思。

　　……5 月 26 日那天才接到报丧的信，心慌意乱，莫知所措。如果来得及，艺术学院跟我们一定会在你们的纪念会上表示一点哀悼的意思，现在已经不可能。展青说另外作曲或撰文。我则成诗一首，请刊入纪念册中。

　　向隅在《战歌》第 11、12 期合刊（1938 年 8 月出版）上，发表了悼念恩师黄自的诗；他创作的《黄自先生挽歌》，也刊载在《鲁艺周年纪念音乐创作选集》（1939 年 6 月油印）里。

我曾经是一个小孩子，在花园的门外徘徊；

我找不着门，不能进去，但是我留恋着，不愿离开。

后来我走进了这所花园，我仍留在它的里面徘徊；

因为它是这样的广大，又是这样的荒凉。

那时候，我找到了你，你在辛苦地开辟着它；

你指引着我们工作，它变成更广大的花园。

7月18日，延安鲁艺音乐系联合鲁迅小学、陕北公学、抗日军政大学等单位举行了纪念抗战周年，并追悼黄自、纪念聂耳的音乐晚会。此外，延安还出版了《纪念聂耳黄自特刊》。

郭沫若在张曙牺牲后曾做挽联纪念黄自、聂耳、张曙，挽联如下：

黄自死于病，聂耳死于海，张曙死于敌机轰炸，重责寄我辈肩头，风云继起！

抗敌歌在前，大路歌在后，洪波歌在圣战时期，壮声破敌奴肝胆，豪杰其兴。

这一年8月前后，黄自的《花非花》《玫瑰三愿》《山在虚无缥缈间》《抗敌歌》歌曲，被拍摄为电影，辑成《黄自教授遗作选集》三本，在重庆公映。这部音乐纪录片的编辑是周克、潘子农，音乐指导是金律声。

据潘子农说，抗战前，周克（摄影师）等曾去国立音专摄录该校师生合唱、独唱的声带，同时也摄取了演唱实况的画面，其中就有黄自的《花非花》等六首歌曲以及担任这六首歌曲的独唱（郎毓秀、刘玛丽、张蓉珍等）、合唱（音专学生）、指挥（赵梅伯），钢琴伴奏（李惟宁等）、乐队（国立音专学生）等人的录像。当时曾打算制成短片，后因抗战爆发未果。黄自逝世的消息传到重庆后，潘子农从这些未用的声带中将黄自的六首歌曲剪出，辑成《黄自教授遗作选集》。片头有黄自遗像和潘子农撰写的黄自小传，用字幕，配以哀乐。片中每一首歌曲的曲名、演唱、指挥和伴奏的姓名，也都用字幕叠印在原先摄取的演唱实况的画面上，同时开始了歌曲的引子。六首歌曲的画面是按歌词大意配摄的：三首女声独唱和女声合唱，配以花卉、云雾、风景的画面；三首合唱则配以战争、军队、马队奔驰等画面。均由周克摄影。此片制成后，发行了国外版。曾先后在一些亚洲、欧洲国家放映，有一定影响。黄自所作歌曲摄制成影片的，仅此一部，由于它既保存了音响资料，又留下了演唱者的形象，因此不失为一部具有音乐史料价值的纪录片。

1939 年 4 月，黄自先生的遗体安葬于上海西郊的中国公墓。

黄自英年早逝后，夫人汪颐年承担起了家庭的重任，抚养黄德音、黄惠音、黄祖庚三个孩子，将其培育成人，黄自的友人、弟子也对其多有照拂，丁善德便是其中之一。"借得大江千斛水，言为翰墨颂师恩。"丁善德不仅是黄自的学生，还是黄自之子黄德音

上海私立音专设黄自奖学金

的恩师，黄德音幼时从丁善德处学习多年钢琴，丁善德始终不收他的学费，并赠送黄德音学习所用的琴谱和书籍。1942年的《上海艺术月刊》第九期上，也专门刊登过一则《上海音专设黄自奖学金》的消息：

> 上海私立音专（笔者注：丁善德与陈又新、劳景贤等合办）为纪念已故音乐家黄自起见，特设黄自奖学金，闻本年度校招考新生另订办法，以资奖励音乐人才云。

"先生此去何匆匆，抛下了半片残著，无数新声犹待谱，满腔曲调埋忠骨。"临终前，黄自仍然心心念念着未完成的半部音乐史，天年不遂，"一代宗师"溘然谢世。他的追悼会是盛大的，哀悼他的挽联数不胜数。"他简直是不应死，不能死，不必死，不可死！然而他竟死了！""五线谱新声，千秋怀旧曲"，黄自先生去了，去到另一个世界追寻他的音乐理想，留给这个世界的不仅仅有他过人的音乐才华，更是学者，教育者和青年的模范。

在黄自从事音乐工作的十多年间，留下了许多珍贵的足迹。对于他的离去，后辈也从未忘记。每一场音乐会的举办，都是后人在传唱他的灵魂，对于一个音乐家而言，最好的铭记方式莫过于将他的作品永远的流传下去，我们传承他才华横溢的作品，学习他质朴纯真的心灵，赞颂他满心为国的赤子之心。

成就

黄自的一生，来也匆匆，去也匆匆。在他短暂的 34 年生命历程，实际从事音乐工作的时间，前后只有不到 10 年，哪怕将留学美国的时间算上，也只有 14 年而已。这短短的 10 多年对一个人来说可能转瞬即逝，但是"他在教学、创作、著述等方面却深深地留下了弥足珍贵的先行者的历史足迹。他为发展中国现代音乐文化所做出的贡献及其所产生的影响，将永远在中国音乐史上散发着独一无二的光芒，远远超越了时空的局限"。

在中国音乐史上，黄自创下了数个中国第一：第一位在国外获得作曲学位的音乐家，第一部在海外上演的中国人创作的交响乐，第一首抗战合唱歌曲，第一部清唱剧体裁作品，第一部影片片头音乐……

许多个"第一"，不仅打破了外国人认为"中国无音乐"的偏见，更是一步一步将中国音乐拉向了世界舞台，不仅如此，还培养出了一棵又一棵参天大树，他们荫蔽了未来的中国音乐之路。

据目前统计：黄自的一生为后人留下了 107 首包括交响乐、室内乐、钢琴复调音乐、清唱剧、合唱、独唱、教材歌曲等多种体裁形式的音乐作品，它们无不结构严谨，格调清新，手法细腻，各具特色；15 篇涉及理论创作、批评、欣赏、作家、历史等方面的音乐论著；56 讲有关音乐常识的课文；3 部未完成的音乐书稿。他还创办音乐社团和主编音乐杂志、音乐副刊、音乐教材、音乐教科书，为电台组织音乐节目，撰写音乐广播稿等。

就在病逝前几周时，黄自还表示，等将来《音乐史》与《和声学》脱稿之后，还要创作更多的学术著作和更多的音乐作品。直到现在，上海音乐学院图书馆保存着黄自三千多页的手稿资料，其中《和声学》便有好几百页。但可惜，天不假年，未竟其志。他的志向竟永远的留存在了他 35 岁风华正茂的这一年。像这样一位有高度创作水平和文化修养，有发展民族音乐的远大志向的音乐家，竟在大有可为的壮年，留下了未完成的《音乐史》和无数未完成的工作而死去，乃是中国音乐文化事业的莫大的损失。

纪念

　　对于黄自的离去，音乐界总是未能忘却。每一场音乐会都是对他的纪念与缅怀，每一首音乐都是在传颂他的人生。1958 年 5 月 9 日，为纪念黄自逝世 20 周年，中国音乐家协会在北京召开了"黄自先生逝世 20 周年纪念会"，时任中国音乐家协会书记处书记、亦是黄自学生的向隅，会前被推举代表中国音协在大会上作中心报告。上海也同时由中国音乐家协会上海分会和上海音乐学院联合主办，举行了黄自逝世 20 周年纪念会，演出了黄自的管弦乐《怀旧》（演奏者：上影乐团，指挥：陆洪恩），女声二重唱《七月初七长生殿》、《山在虚无缥缈间》（男中音：黄钟鸣，女高音：林明平，合唱：声乐系师生，指挥：葛朝祉，钢琴伴奏：鲍贤珍）、《采莲谣》、《本事》（演唱者：魏秀峨、张仁清，钢琴伴奏：施宝琳）。

　　改革开放后，纪念黄自的研究著述、音乐活动更为丰富，尤其是逢五逢十的诞辰纪念。在台湾，抒情女高音刘美燕教授（台湾师范大学音乐系毕业后，赴美国威斯康定

黄自逝世 20 周年纪念会节目单封面

大学研究声乐。曾任教台湾东吴大学音乐系、文化大学舞蹈系）撰述完成的《中国音乐家黄自研究》一书，从生平、时代背景、作品、作品风格与歌曲分析、黄自歌曲演唱技巧之探讨、音乐挚友韦瀚章谈黄自、音乐传人林声翕与《长恨歌》补遗、结论八章，对黄自的音乐人生进行了较为完整地呈现，这应是业界关于黄自研究的第一本著作。此书在时隔 38 年后，得上海音乐

刘美燕《中国音乐家黄自研究》（1977 年版）

学院与台湾师范大学支持，进一步补充完善黄自相关资料，完成该书修订版（2015 年）。

台湾大学的赵琴博士也发表了关于黄自的系列研究论文《黄自的生平、创作、著述、贡献》《中国第一出清唱剧〈长恨歌〉——兼论黄自的音乐美学观》《黄自声乐作品的创作技法与风格特色》《黄自的音乐美学观》《追念黄自辞世一甲子》等，参与主编 1988 年台湾主办"黄自逝世五十周年纪念音乐会"（座谈·演出·整理遗作·出版）的专辑，并于 2004 年黄自百年诞辰时发表《琴心三叠道初成——纪念黄自（1904—1938）百年诞辰》。

台湾音乐学家韩国镇教授于 1990 年撰述出版的《留美三乐人：黄自·谭小麟·应尚能留美资料专辑》一书，从"黄自留美行迹追踪记、黄自留美资料的研究、黄自学成回国的报导、黄自留美前记载错误之澄清"四方面，对黄自留学美国时期的档案资料，进行了详实且严谨的考订和丰富。

代代传唱中国的歌 —— 黄自纪念音乐会
（1988年）

《赵琴谈音论乐：追念黄自辞世一甲子》

在上海，上海乐团于 1979 年 5 月 4 日至 5 日，在上海音乐厅举办了一场"'五四'以来部分声乐作品（1919—1937）音乐会"。这场音乐会上演了黄自、任光、赵元任、萧友梅、陈啸空、陆华柏、陈田鹤、青主、刘雪庵等创作的作品，大部分都是在 1949 年之前相当流行的艺术歌曲，也有部分技术难度较高的专业作品。整场音乐会演出了 37 首作品，其中 16 首是黄自的经典作品，如《抗敌歌》《花非花》《思乡》《山在虚无缥缈间》等。1988 年，第十三届上海之春特别举办了"黄自作品音乐会 —— 纪念黄自逝世五十周年"。2013 年上海音乐家协会主办的"致先驱者 —— 中国合唱百年纪念音乐会"，上演了黄自的各类合唱作品，如清唱剧《长恨歌》片段《山在虚无缥缈间》《渔阳鼙鼓动地来》，现代诗词艺术歌曲《春思曲》《踏雪寻梅》，抗战爱国歌曲《抗敌歌》《旗正飘飘》等。2014 年 11 月 1 日，浦东新区文化广播电视管理局、浦东新区精神文明建设委员会办公室、新民晚报社、上海东方艺术中心管理有限公司联合推出"怀旧·都市霓裳曲——纪念黄自诞辰110周年交响音乐会"（上海文化发展基金会资助项目）。

在北京，由中国音乐家协会、中央音乐学院、中央乐团联合主办的"萧友梅、黄自纪念音乐会"于1984年12月11日下午在中央音乐学院礼堂举行，指挥家严良堃、女高音歌唱家叶英等参加演出。1988年5月7日，文化部艺术局、中国音乐家协会也在北京音乐厅联合主办了"黄自作品音乐会"，选

"五四"以来部分声乐作品音乐会节目单

黄自作品音乐会节目单

上海之春：黄自作品音乐会节目单

致先驱者 —— 中国　怀旧·都市霓裳曲 —— 纪念黄自诞辰 110 周年交响音乐会
合唱百年纪念音乐会

演了黄自及其弟子贺绿汀、江定仙、刘雪庵、陈田鹤等的作品，以表达对他的怀念与崇敬。2014 年 10 月 25 日，第十七届北京国际音乐节推出了黄自专场音乐会"时光·传承 —— 纪念中国著名作曲家黄自诞辰 110 周年黄自作品音乐会"，在中山公园音乐堂演出了黄自的合唱作品《抗敌歌》《旗正飘飘》，清唱剧《长恨歌》（七乐章版），艺术歌曲《思乡》《春思曲》《花非花》《玫瑰三愿》《点绛唇·赋登楼》《卜算子·黄州定慧院寓居作》《南乡子·登京口北固亭有怀》《燕语》《天伦歌》以及《本事》《毕业别》《西风的话》。上海音乐学院女高音歌唱家黄英、低男中音沈洋等参与演出。同年 8 月 13 日在国家大剧院举办的"仙乐风飘 —— 中国近现代经典声乐作品音乐会（2014）"，也特别上演黄自的艺术歌曲《思乡曲》《玫瑰三愿》《南乡子·登京口北固亭有怀》和清唱剧《长恨歌》，以纪念黄自诞辰 110 周年。两年后，国家大剧院夏季演出季上演的"第五届中国交响乐之春 —— 中国交响乐记忆"，再次奏响黄自的交响乐作品《怀旧》。

在香港，1986 年 8 月成立了以黄自名字命名的综合性演艺学

萧友梅、黄自纪念音乐会

黄自作品音乐会

时光·传承——纪念中国著名作曲家黄
自诞辰 110 周年黄自作品音乐会

仙乐风飘——中国近现代经典声乐作
品音乐会

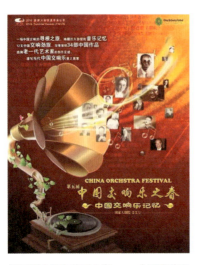

第五届中国交响乐之春 —— 中国交响乐记忆

院"黄自演艺学院"（由大陆赴港的声乐家邹允贞与同行符任之、屈文中、赵春琳等发起，开设音乐、舞蹈、美术和普通话等课程，旨在推动发展香港的文化艺术教育事业）。翌年，该学院为纪念黄自逝世五十周年、纪念黄自演艺学院建院一周年，主办"从黄自到'黄自'纪念音乐会"（1987年）。1988年1月31日、2月8日，香港中乐团举办了"黄自纪念音乐会"。2002年6月7日，香港教育学院（今香港教育大学）艺术系黄慧英老师（毕业于香港演艺学院，主修声乐演唱及合唱指挥，其后获英国谢菲尔德大学音乐硕士及哲学博士学位）及苏明村博士（毕业于英国伦敦皇家音乐学院，学习钢琴及管风琴）在校内举办《长恨歌》专场音乐会，上演了黄自的合唱作品《秋色近》《采莲谣》《卡农歌》《摇篮曲》和《本事》，并上演了林声翕补遗完成的清唱剧《长恨歌》（1972年）十乐章版。2004年，他们和另两位同事合作，出版了《歌乐流芳 —— 黄自音乐赏析与教学专集》（含CD）。2007年，他们又去到黄自当年就读过的欧柏林音乐学院，于4月24日（星期三）晚上8点，在华纳音乐厅（Warner Concert Hall）举行了一场香港教育学院室内合唱团与欧柏林大学女子合唱团共同演绎的音乐会，其间专门演出了黄自的作品。

2011年国际爵士合唱及千人乐动汇演时，香港教育大学文化与创意艺术学系音乐部又推出了他们改编的黄自声乐作品《采莲谣》、《本事》、《在冬天乐团里踏雪寻梅》、《西风的话》（有齐唱和三声部合唱两个版本）、《四时渔家乐》、《每一个晚上的花·菲花》，并汇编成册《黄自歌曲选集》（爵士版）。此后，他们还带领学生先后去欧洲和日本举行音乐会，节目中安排了不少黄自的作品。

相关信息还有很多，在此汇总了部分以上海音乐学院为主筹备的相关活动，供大家进一步了解。

1983 年 5 月，上海音乐学院与音乐家协会上海分会在上海联合主办"作曲家、音乐教育家黄自先生逝世 45 周年纪念会"。贺绿汀和戴鹏海分别撰文《深深怀念黄自先生》《黄自先生小传》，纪念音乐会演出了黄自创作的儿童歌曲《养蚕》《牛》《西风的

黄自演艺学院：从黄自到"黄自"纪念音乐会　　　香港中乐团：黄自纪念音乐会

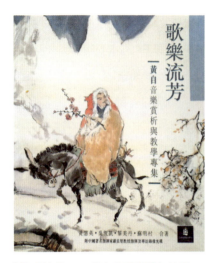

《歌乐流芳 —— 黄自音乐赏析与教学专集》

香港教育学院：长恨歌音乐会

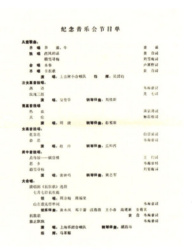

作曲家、音乐教育家黄自先生逝世45周年纪念会及纪念音乐会节目单

话》《踏雪寻梅》《本事》《卡农歌》，艺术歌曲《燕语》《玫瑰三愿》《思乡》《花非花》《春思曲》《点绛唇》，爱国歌曲《热血》，清唱剧《长恨歌》选段等。

1984 年，为纪念音乐界前辈萧友梅先生诞辰 100 周年、黄自先生诞辰 80 周年，中国音乐家协会上海分会和上海音乐学院于 6 月 8 日、9 日联合举行了隆重的纪念活动。6 月 8 日下午，纪念大会在上海音乐学院大礼堂举行，出席纪念会的有贺绿汀、丁善德、周小燕、陈良、吴强、许平、王云阶、黄贻钧、余立等文艺界、教育界知名人士。中国音协上海分会副主席丁善德主持大会，贺绿汀主席发表讲话。贺绿汀回顾了当年萧友梅、黄自创建前国立音专的情况，并充分肯定了两位前辈音乐家对中国近代音乐文化发展所做出的贡献。萧友梅先生的侄女、中央音乐学院萧淑娴教授也在会上发言。黄自的学生钱仁康教授在纪念会上系统地介绍了黄自的生平及创作特点。纪念会后举行了部分节目演出，有男女声二重唱《淮南民谣》、大提琴独奏《秋思》、女中音独唱《花非花》

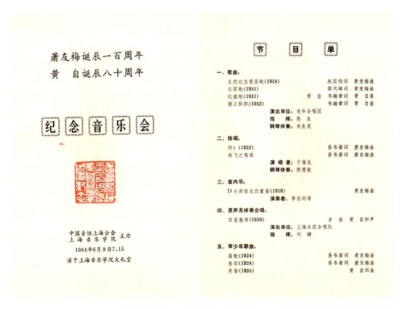

萧友梅诞辰一百周年、黄自诞辰八十周年纪念音乐会及节目单

《黄自遗作集》

和附小合唱队的青少年歌曲合唱《有牛》《晨歌》《西风的话》
《春郊》。6月9日晚举行了纪念音乐会，有几百名专业和业余演
员参加演出，呈现了萧友梅和黄自创作的独唱、合唱、清唱剧、室
内乐及管弦乐作品。

　　1985年，上海音乐学院牵头成立《黄自遗作集》编辑小组，
拟将可能收集到的黄自遗稿整理编辑出版。这是第一部我国音乐
家的多卷集，包括作品（分器乐作品和声乐作品）和论著（分文
论分册、和声理论分册、中国音乐史分册、西洋音乐史分册，以及
残缺的曲稿、各种零散的授课讲义、读书札记、留学美国期间的课
堂作业和有关的资料、图片等，以及《黄自留美档案资料》[由美
国欧柏林音乐学院和耶鲁音乐学院提供、美籍华裔音乐家韩国镇
教授复制]和《黄自年谱》[上海音乐学院戴鹏海教授1980年11

月整理完稿〕）两个部分，当时计划出版八个分册，后因故先期出版了器乐作品分册、声乐作品分册和文论分册。

2004 年 3 月 23 日是黄自诞辰一百周年纪念日，上海音乐学院提前半年成立筹委会，策划"黄自先生诞辰一百周年纪念系列学术活动"（铜像揭幕·纪念会·讲座·音乐会）。当日上午，黄自半身铜像（由雕塑家解建陵女士制作）揭幕仪式和座谈会举行。"这是继萧友梅、蔡元培之后，上海音乐学院内竖起的第三尊铜像。这不仅表达了上海音乐学院的后学晚辈对于先驱者的缅怀之情，同时也是对黄自把毕生精力奉献给中国高等专业音乐教育事业的历史功绩给予的最高肯定。"

黄自铜像揭幕仪式之后，举行了"黄自先生诞辰百年纪念会"系列学术活动。上海音乐学院专门为此次纪念活动制作了黄自先生生平事迹专题片。来自市区和教育系统领导，国内各大音乐学

雕塑家解建陵女士制作黄自铜像

萧友梅诞辰 120 周年，黄自诞辰
100 周年纪念音乐会

院、海外专家学者，以及家属代表等先后在纪念会上发言，深切缅怀、高度评价黄自先生对中国近现代音乐事业所做出的杰出贡献。

当日下午，上海音乐学院举办了一场由戴鹏海教授（中国近现代音乐史学家）所做的题为"历史在这里沉思 —— 百年沧桑话黄自"的专题讲座。当晚举行的"黄自作品音乐会"上，演出了黄自创作的交响序曲《怀旧》、清唱剧《长恨歌》、钢琴曲《两部创意曲二首》、童声三部合唱《送毕业同学》、男声三部合唱《破车瘦老的马》等，其中黄自弟子为纪念他创作的混声四部合唱《悼今吾宗师》（张昊词、陈田鹤曲），是黄自逝世后 66 年后首次公演，感人至深。这场音乐会由周小燕教授和戴鹏海教授担任艺术指导，对作品做了极为深入细致的艺术处理，加之温可铮（男低音歌唱家，曾任上海音乐学院声乐系主任）、黄晓同（指挥家、教育家，上海音乐学院教授）、陈小群（抒情女高音歌唱家，上海音乐学院教授）等艺术家和上海青年合唱团、上海青年交响乐团等倾力出演，具有很高的艺术水准。

传唱

　　"对于一位作曲家而言，最好的纪念莫过于让他的作品永远传唱下去，让他的作品能够让更多的人去聆听。"每一首作品的传唱，都是对他最好的赞扬。上海音乐学院在黄自诞辰百年之际，推出了《永远的黄自》套装纪念CD（与广东佛山市天艺音像制品有限公司合作）。本着对艺术的尊重、对黄自的尊重，这张CD在黄自作品音乐会的基础上，确定了共36首作品的曲目单，将黄自的大部分优秀作品均收入其中；并特邀格莱美录音奖获得者陆晓幸担任该唱片的录音师，由撰写《永远的黄自》一文的戴鹏海教授担任录音监制，做艺术风格指导。

　　这张音乐专辑的出版不仅仅是中国音乐界的一件大事，对很多老一辈朋友来说，这还是个特大的喜讯，因为很多眼下的中国老人家是在黄自的音乐中

《永远的黄自》唱片

度过他们的童年。事隔几十年后，再听到这音乐，我们可想这些老一辈会有多么激动。

这个系列纪念活动在同年 11 月，上海音乐学院 77 周年校庆之际举行的《永远的黄自》（作品CD集）的首发仪式上达到了高峰。

时任中国文联主席周巍峙为此次活动题词，以示祝贺。他为黄自诞辰一百周年的题词是：

学习黄自先生爱国主义创作精神

建设中国特色社会主义音乐文化

从 2011 年 9 月起，笔者有幸参与上海音乐学院图书馆启动的"黄自手稿计划"，将馆藏的各类黄自珍贵手稿资料（日记、书信、创作乐谱、音乐教材），以国际标准进行编目、数字化以及无数典藏。据现有资料记载：黄自生前未发表或未完成的其他创作、著述的手稿有：

钢琴曲 1 首：《Canon》（二部）；合唱曲 1 首：《春游》（二部）；歌曲 9 首（其中校歌 5 首）：《晨歌》、《北望》、《阳春来到》（不全）、《反日运动歌》（不全）、《上海两江体育专科学校校歌》、《斯盛学校校歌》（黄任之词。据手稿所记，这首歌创作于 1934 年 11 月斯盛中小学三十周年校庆之际。可能基于此，黄自以校友的身份写了这首歌）、《上海市立务本女中附小校歌》（吴研因词。黄自遗稿中存有这首歌的单张铅印件，但未注明出处和创作日期）、《天津市立师范附小校歌》（佚名词。未见创作日期）、《肇和小学校歌》。

《西洋音乐史》初稿六章（包括《绪论》）、《古文化国之音乐》《最初之基督教音乐》、《复调音乐之兴起及理论之进步》、《中世之俗乐与器乐》、《复调声乐之全盛》共 134 页。

《中国之古乐》一书的写作大纲（包括《序言》《古乐之历史》《古乐之进化》《古乐之沦亡》《古乐之理说》《古乐器》《古乐谱》《古乐之应用》《古乐与社会》《古人对于古乐之观念》《古乐与西乐之比较》《对于古乐之批评》等12个章节）共11页。

为研究和写作音乐史而集录、批注的音乐史料两万余件；整理的世界史、本国史和音乐史的对照年表（至15世纪）10页；重要音乐家生卒年代表10页，中外参考书目4页。

以《中国人心中之音乐》为总标题而摘录的有关文字材料38页（选自周秦以迄唐宋的近80家文论诗赋170余篇），约200条。

黄自先生诞辰110周年珍贵手稿文献纪念巡展

2013年6月，完成了包含83份创作手稿、5份残破稿、2套手抄分谱、8份习作、24份文字手稿以及2份印刷品在内的《黄自手稿档案》。为纪念黄自，以表达对先贤的敬意，上海音乐学院于

2014 年黄自诞生 110 周年之际，启动这批珍贵文献的展览计划。3 月 18 日，"黄自先生诞辰 110 周年珍贵手稿文献纪念巡展"在上海音乐学院开幕，当天举行了纪念座谈会。随后在"华人音乐文献集藏计划"的工作机制下，上海音乐学院开始了与中国国家图书馆、耶鲁大学、中央音乐学院、香港中央图书馆、台湾师范大学音乐数位典藏中心的合作，先后到中央音乐学院（5 月 9 日）、耶鲁大学（9 月 11 日）、香港中央图书馆（10 月 21 日）、台北师范大学（11 月 6 日）举行巡展和讲座，获得学界高度认可。

5 月 9 日，"黄自先生诞辰 110 周年珍贵手稿文献纪念巡展"北京站在中央音乐学院拉开帷幕，并举行了黄自纪念音乐会，让人们再次欣赏到黄自创作的《玫瑰三愿》、《花非花》等艺术歌曲。

9 月 11 日，"黄自先生诞辰 110 周年珍贵手稿文献巡展"在耶鲁大学开幕。这是黄自手稿原件首次出境展览，是一次具有历史意义的活动，也是黄自的作品手稿时隔 85 年之后，回到了他曾经学习过的母校展览，是东西方音乐交流史上一次承载历史意涵的学术交流活动。

10 月 1 日，"黄自先生诞辰 110 周年珍贵手稿文献巡展"在香港中央图书馆开展，并作为 10 月 21 日至 22 日在香港举行的"第十次中文文献资源共建共享合作会议"的特展。

11 月 7 日，"黄自先生诞辰 110 周年珍贵手稿文献巡展"在台湾师范大学启动最后一站，同日，"纪念黄自先生诞辰 110 周年音乐会"在台北举行。

11 月 26 日，上海音乐学院建院 87 周年前夕，在贺绿汀音乐

《黄自先生诞辰 110 周年珍贵手稿文献巡展》回顾展

厅举行"向大师致敬 —— 纪念萧友梅诞辰 130 周年、黄自诞辰 110 周年音乐会",以寄托对两位先辈的缅怀和纪念。

两天后,《黄自藏书捐赠仪式与手稿巡展回顾》在上海音乐学院校史馆开幕。黄自子女向学校捐赠了 275 本黄自藏书并获颁捐赠证书,他们把先生的藏书捐赠出来,是为了让他的精神传承下去。随后,时任副院长杨燕迪教授向黄德音表示感谢并介绍了《黄自珍贵手稿文献巡展》的具体情况。

同年 3 月,时任上海音乐学院图书馆馆长钱仁平教授和上海音乐学院教授、女高音歌唱家方琼主讲了《风从海上来 —— 黄自、贺绿汀、聂耳的电影音乐创作》;上海音乐学院青年教师、男中音歌唱家沈洋主讲了《黄自和他的年代 —— 中国近代音乐的曙光》,并在上海大剧院举办了《向黄自致敬 —— 沈洋和他的朋友们》特别音乐会来纪念黄自逝世 110 周年。三年后的上海夏季

钱仁平《风从海上来 —— 黄自、贺绿汀、　　沈洋《黄自和他的年代》
聂耳的电影音乐创作》

音乐节，沈洋又携手黄浦区青少年艺术活动中心春天少年合唱团、
Echo室内合唱团联合举办了《长恨歌 —— 黄自声乐作品专场》音
乐会。

　　2018年是黄自逝世80周年，上海音乐学院与清华大学于10
月、11月分别在北京、上海联合主办"致敬大师 —— 纪念黄自先
生逝世80周年系列学术活动"。这次活动由清华大学校史馆、上
海音乐学院校史馆、清华大学艺术教育中心、上海音乐学院数字
媒体艺术学院承办，通过一个专题展（分"黄自与清华""黄自的
音乐人生""黄自与上音"三个板块）、一场座谈会、一场音乐会
（以多媒体音乐剧场形式完整再现黄自主创、林声翕补遗的清唱
剧《长恨歌》），分别展现黄自与清华、上音两校的历史渊源与丰
富的音乐人生，让观者可以更多了解他在清华大学读书时的生活，
在国立音专工作时的情景等。

时任上海音乐学院党委书记林在勇在"致敬大师——纪念黄自先生逝世八十周年音乐会"（11月24日）的致辞中，高度赞颂并表达了当下上音人对他的怀念与追思之情：

沈洋《黄自致敬特别音乐会》

上海音乐学院是中国现代音乐专业高等教育的奠基学校，开创了近100年的现代中国音乐史、音乐创作史、音乐教育史。就在学校办校的第三个年头，学校迎来了黄自先生。从黄自先生开始奠定了今天全中国音乐学院基本的教学系科，专业设置、教研体系。上音今天的成就来

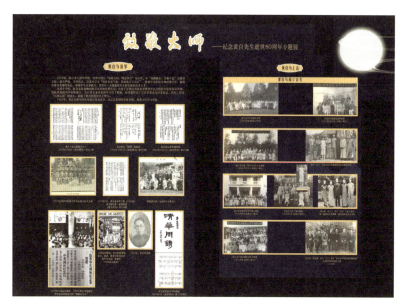

致敬大师——黄自逝世80周年专题展

《致敬大师——纪念黄自先生逝世80周年作品音乐会》（清华专场）

自于黄自，我们今天在这里纪念他，向他致敬，这是我们的荣幸。黄自先生的塑像背靠西面、面向东方，不仅是他学跨东西，还因为他的视线永远面向着某种精神，面向着我们的民族、国家和人民。80年过去了，我们在这里纪念他，是我们今天的上音对于我们的前辈由衷的情感。

2019年中华人民共和国成立70周年之际，由上海音乐学院主办、上海音乐艺术发展协同创新中心策划与承办的"上海音乐学院经典作品重录项目"启动。黄自的管弦乐曲《怀旧》便是首批重录经典作品之一。

2019年10月23日，作为第21届中国上海国际艺术节扶青计划暨青年创想周的正式参演剧目，上海音乐学院校史馆与数字媒体艺术学院联合打造的多媒体音乐剧场《长恨歌》于当晚登陆上戏端钧剧场，向市民展现了黄自等上音先贤在近一个世纪之前的音乐"中国梦"。如果黄自先生在世，看到如今的中国盛世，看到现在音乐界的蓬勃发展，也一定会感到欣慰。上音副院长刘英教授告诉记者，正因为这些对中国现代音乐做出巨大贡献的音乐家们的努力，当下的上音人才有了传承至今的"文化自觉与自信"。

如今，黄自铜像树立在上海音乐学院校园内，一贯温蔼地笑着，他的笑容不仅仅存留在一百年前，更是永远不灭的灯火，将永远传承下去，屹立不朽。正如黄自在《乐评丛话》所说的：

> 人的感情左右是一时的，但艺术是永久的，评乐时果然谁也不能完全脱离感情作用，但一时的毁，既不能使天才创作永久埋没；一时的誉，也不足以使平凡的作品免受时代的淘汰。所以只有时间是最公允、最准确的音乐评论家。

黄自先生为中国现代音乐文化建设做出了卓越的历史性贡献，其功绩将永远为世人铭记！

"饮其流者怀其源，学其成时念吾师。"时间的巨轮无法抹去黄自先生的思想光辉，他的一切如同一

多媒体音乐剧场《长恨歌》演出剧照
（2019·上海国际艺术节）

多媒体音乐剧场《长恨歌》主创团队和演职人员大合照
（2019·上海国际艺术节）

上海音乐学院校园内的黄自铜像

颗璀璨的星星，在中国音乐史上熠熠闪光，照耀着永无止境的进取之路。而我们后辈的文字里，镌刻一份敬重；执笔三千，书写一抹眷恋；心海中，永存一份钦佩。黄自先生的作品和精神要靠我们后辈来传承，他的杰出贡献，正产生日益广泛的影响，在这片广袤的土地上，焕发出属于他的光彩。

后 记

　　当手捧书稿的终稿审定版时，不由回想三年前，在新年之际接到了黄德音教授来电的情景。黄老师如往常一般关切问候之余，提到了中国第一部聚焦 20 世纪为中华文明作出突出贡献的大师巨匠的大型系列人物传记纪录片《百年巨匠》在推出同系列丛书，其中音乐篇有其父亲黄自先生。黄老师很亲切地征询笔者，是否愿意撰写黄自先生的传记。当时听闻，实感惶恐。作为学界的一名青年学者，要撰写中国第一位系统地、全面地向国内学生传授欧美近代专业作曲技术理论的音乐理论家、国立音专（今上海音乐学院）首任教务主任黄自先生的人生篇章，是否可以胜任？笔者不由在心里多了一份迟疑。

　　黄老师听出我的犹豫，温和地鼓励：家父将毕生心力奉献给了他挚爱的国立音专以及中国音乐文化事业。留美归国后，他在国立音专襄助萧友梅博士建院建系，又是贺绿汀先生最敬重的作曲老师。在一代代音专先辈的引领和奋斗中，上海音乐学院校史撑起了中国近现代音乐史的半壁江山。如今你专注上音校史研究已有十余年，若能与你的研究成果和学习工作经验相结合，相信能顺利完成。黄老师的建议让我听后备受鼓舞，《百年巨匠》丛书作为国内首部集中展示近代以来文化艺术巨匠群体的大型系列丛书，旨在追寻远去的巨匠足迹。而上海音乐学院在推进全过程育人、全方位育人过程中，一直着力开辟校史育人的新方式，通过挖掘校史中的文脉传承和人文积淀，促进校园文明建设与校史文化传播。能撰写上音先贤黄自先生的传记，何其幸哉！作为新时代上音人的责任感和使命感油然而生。

随后，在黄老师和《百年巨匠》制片人李萍萍老师的引荐下，文物出版社邀约上海音乐学院共同参与完成《百年巨匠》之萧友梅、黄自、贺绿汀三位上音大师传记的撰写工作。该项目得到了学校的大力支持，邀请了音乐学系主任王丹丹教授牵头，组织我院相关专业的中青年学者王勇教授、金桥副教授、邓姝博士与我分别担任三本书的撰写；同步获得上海音乐学院出版委员会首批立项资助，为撰写工作提供有力的工作机制保障。

传记的撰写，基于纪录片《百年巨匠》音乐篇·黄自，同步参考借鉴了大量前人的研究成果，如音乐理论家钱仁康先生，中国音乐史学家戴鹏海先生，香港教育大学黄慧英教授、苏明村博士，台湾音乐学家韩国镇教授，台湾东吴大学刘美燕教授，台湾大学赵琴博士等专家学者等，他们深耕黄自音乐创作、音乐思想、音乐教育、音乐生活研究多年，产出了大量研究成果和著述，为传记撰写指引了学术方向，在保证生动性和故事性的同时，更兼具了学术性。同时，传记的顺利完成也汇聚了多方心血，感谢徐旭、裴小倩、廖昌永、徐卫、曹荣瑞、吴学霆、汤隽杰、彭畅、蔡琰、唐天祺、郑荧馨、陈琛等校部领导同事的大力支持；感谢钱亦平、洛秦、王勇、钱仁平、方琼、余丹红、韩斌、王丹丹、戴微、冯长春、金桥、沈洋、陈晖、金富军、倪瑞明、王细荣、刘凝哲等校内外专家学者给予的专业指导；感谢聂晓燕、程泽睿、胡钰冰、林雅仪、吴晨祺等学妹的无私帮助；感谢文物出版社总编辑刘铁巍老师、编辑张朔婷老师的精心审定编校；感谢家人的默默奉献；特别感谢黄德音老师在撰写过程中提供了相关的文献史料、长时段的口述采访、细致的审校建议等，正因为有大家方方面面的襄助，让笔者在撰写的过程中，有强烈的自豪感、认同感及幸福感，感受到上音精神的传承。

欲知大道，必先为史。习近平总书记曾多次强调，走得再远都不能忘记来时的路。在学院初建阶段，黄自先生用其短暂的一生呈现上音人在高等音乐教育领域的"析理、善术、审音、辨物"，为国唱和，始末不渝。作为新时代上音人，让我们在传承先辈精神的同时，"接好前人接力棒，牢牢把握高等教育和文艺工作在中国式现代化中的责任和使命，将上音人厚植百年的爱国主义情怀化作'和毅庄诚'的内在自觉与行为指南，凝聚文化艺术精神力量，为推动"人民城市"建设谱写上音人的崭新乐章"。

肖阳

2022 年 11 月于上海

参考书目

（以作者或主编者姓氏汉语拼音首字母为序，同一作者按出版先后为序）

◎ 戴鹏海：《黄自年谱》，《音乐艺术》，1981 年第 2 期。

◎ 戴鹏海：《让历史作证 —— 写在〈黄自年谱〉前面》，《音乐艺术》，1982 年第 4 期。

◎ 戴鹏海：《历史是涂抹不掉的存在 —— 纪念音乐家黄自（1904—1938）逝世 50 周年》，《音乐爱好者》，1988 年第 3 期。

◎ 戴鹏海：《永远的黄自 —— 纪念黄自先生百年诞辰》，《音乐艺术（上海音乐学院学报）》，2004 年第 4 期。

◎ 冯长春：《黄自音乐美学思想的基本观点及其本质探微》，《中国音乐学》，2000 年第 3 期。

◎ 韩斌：《追随黄自的脚步》，《音乐爱好者》，2014 年第 4 期。

◎ 韩斌：《燕语怀旧春思曲　西风踏雪长恨歌 —— 上海音乐学院"黄自先生诞辰 110 周年珍贵手稿文献纪念巡展"活动综述》，《人民音乐》，2016 年第 2 期。

◎ 韩国锽：《留美三乐人：黄自·谭小麟·应尚能留美资料专辑》，时报文化出版社，1990 年。

◎ 贺绿汀：《〈黄自遗作集〉序》，《音乐艺术》，1985 年第 3 期。

◎ 黄德音、黄惠音、黄祖庚：《深深的怀念 —— 写在父亲黄自百年诞辰之际》，《人民音乐》，2005 年第 2 期。

◎ 黄慧英、苏明村：《歌乐流芳 —— 黄自音乐赏析与教学专集》，香港：朗文香港教育，2004 年。

227

◎ 黄莺、杨健、钱仁平:《中国艺术歌曲的乐谱版本与表演研究 —— 以黄自〈春思曲〉〈思乡〉与〈玫瑰三愿〉为例》,《中央音乐学院学报》,2023 年第 1 期。

◎ 《黄自遗作集》编辑小组:《黄自遗作集》(器乐作品分册、声乐作品分册、文论分册),安徽文艺出版社,1997、1998 年。

◎ 孔旭:《以〈复兴初级中学教科书·音乐〉为例看黄自的国民音乐教育思想》,《中国音乐学》,2011 年第 4 期。

◎ 乐佾真:《黄自先生诞辰 105 周年纪念音乐会综述》,《音乐艺术(上海音乐学院学报)》,2009 年第 2 期。

◎ 李焕之:《论黄自的创作 —— 兼评钱仁康先生的思想观点》,《音乐研究》,1959 年第 2 期。

◎ 李岚清:《探索创建我国民族乐派的先驱和一代宗师 —— 黄自》,《音乐艺术(上海音乐学院学报)》,2008 年第 2 期。

◎ 廖辅叔:《千古文章未尽才 —— 我所认识的黄自》,《乐苑谈往》,北京华乐出版社,1996 年。

◎ 刘美燕:《中国音乐家黄自研究》,乐韵出版社,1984 年。

◎ 刘雪庵:《黄自先生的清唱剧〈长恨歌〉》,《人民音乐》,1956 年第 10 期。

◎ 钱仁康编订《黄自独唱歌曲研究》,上海音乐出版社出版,1957 年。

◎ 钱仁康:《黄自的生活、思想和创作》,《音乐研究》,1958 年第 4 期。

◎ 钱仁康:《黄自主要作品分析》,《音乐研究》,1958 年第 5 期。

◎ 钱仁康:《忆黄自先生》,《人民音乐》,1979 年第 5 期。

◎ 钱仁康:《黄自传略》,《音乐研究》,1988 年第 3 期。

◎ 清华大学校史编写组编著《清华大学校史稿》,中华书局,1981 年。

◎ 清华大学校史研究室编《清华大学史料选编》第一卷（1911—
1928），清华大学出版社，1991年。

◎ 唐吟：《试论黄自作曲技法以"民族化新音乐"为目标的探索特
征》，上海音乐学院硕士学位论文，2013年。

◎ 田可文：《论黄自发展民族音乐的理想》，《黄钟（武汉音乐学院
学报）》，1988年第3期。

◎ 汪颐年：《怀念黄自》，《人民音乐》，1985年第4期。

◎ 汪颐年：《纪念黄自—— 为校庆55周年而作》，《音乐艺术》，
1982年第3期。

◎ 王勇：《谭小麟与他的三位美国老师》，《音乐爱好者》，2011年
第11期。

◎ 王震亚：《黄自作品研究》，《音乐艺术》，1992年第3期。

◎ 向延生：《"学院派"的首领—— 黄自对20世纪中国音乐的影
响》，《中国音乐学》，2005年第3期。

◎ 向隅：《纪念黄自先生逝世20周年—— 根据在纪念会上关于他
的生平和事业的报告整理》，《人民音乐》，1958年第5期。

◎ 肖阳：《国立音乐院—国立音乐专科学校（1927—1937）音乐
教育制度研究》，上海：上海音乐学院出版社，2022年。

◎ 杨和平、吴月欣：《黄自的〈复兴初级中学音乐教科书〉研究》，
《星海音乐学院学报》，2006年第4期。

◎ 余丹红：《文化守望与全球视野—— 论黄自〈复兴初级中学音乐
教科书〉》，《人民音乐》，2006年第1期。

◎ 赵元任：《黄自的音乐》，《中国音乐》，1987年第3期。

◎ 赵琴：《琴心三叠道初成—— 纪念黄自（1904—1938）百年诞
辰》，台湾《乐览乐刊》，2004年9月。